초판 1쇄 인쇄 | 2015년 2월 5일
초판 1쇄 발행 | 2015년 2월 10일

지은이 | 박인경

펴낸이 | 남주현
펴낸곳 | 채운북스(자매사 채운어린이)
주소 | 서울시 마포구 서강로9길 48 3층 (우 121-880)
전화 | 02-3141-4711
팩스 | 02-3143-4711
전자우편 | chaeun1999@nate.com
종이 | 세종페이퍼
인쇄 | (주)꽃피는청춘

Copyright ⓒ 채운북스
이 책은 저작권법에 따라 보호받는 저작물입니다.
저작권자와 도서출판 채운북스의 허락없이
내용의 전부 또는 일부의 인용이나 발췌를 금합니다.

ISBN 978-89-94608-50-1
＊잘못된 책은 구입하신 서점에서 바꾸어 드립니다.

류성룡과 징비록 이야기

임진왜란을 총지휘한 명재상

박인경 지음

머리말

어린이들에게 임진왜란 때 큰 활약을 한 사람이 누구냐고 물어보면 대개 이순신 장군, 권율 장군을 말합니다. 그럼 이들이 왜군을 무찌를 수 있는 위치에 있게 한 사람은 누구일까요? 바로 서애 류성룡입니다. 사실 류성룡이 없었다면 이순신 장군과 권율 장군이 왜군과 싸울 기회가 없었을지도 모릅니다.

이처럼 류성룡은 임진왜란 당시 영의정, 삼도 도체찰사로서 국난을 극복하는 데 큰 공을 세운 위인입니다. 이 책을 읽어 보면 류성룡이 어떻게 반대파들을 설득하고 이순신과 권율을 요직에 천거하여 왜란에 대비하였는지, 또 명나라와의 외교 문제를 어떻게 원만히 해결하고 수많은 백성들을 구했는지 잘 알 수 있을 것입니다.

또한 류성룡의 희생 정신과 리더십도 배울 수 있습니다. 이것을 집과 학교 생활에서 잘 활용하면 큰 도움이 되겠지요. 여러분들도 형제자매, 친구 등과 다양한 관계를 맺고 있고, 그 속에서 책에서 배운 류성룡의 지혜를 활용한다면 성공적인 사회 생활을 할 수 있을 것입니다.

지은이 박인경

차례

- 제1화 ◎ 전란의 기운 …17
- 제2화 ◎ 이순신과 권율을 발탁하다 …22
- 제3화 ◎ 임진왜란 발발 …28
- 제4화 ◎ 수도 한양을 버리다 …32
- 제5화 ◎ 명나라의 원병이 오다 …39
- 제6화 ◎ 끊임없는 견제 …45
- 제7화 ◎ 평양성을 되찾다 …51
- 제8화 ◎ 피를 말리는 강화 회담 …56
- 제9화 ◎ 진주대첩 …60
- 제10화 ◎ 명군은 참빗, 왜군은 얼레빗 …65
- 제11화 ◎ 노비 충군론 …71
- 제12화 ◎ 대동법을 실시하다 …76
- 제13화 ◎ 반란을 진압하다 …82
- 제14화 ◎ 정유재란의 발발 …86
- 제15화 ◎ 최후의 결전 …91

임진왜란 확대경

율곡 이이는 10여 년 전, 전쟁을 예언했다!

임진왜란이 일어나기 약 10년 전, 당시 병조판서였던 율곡 이이는 육조계(시급한 6가지 정책)라는 정책을 제시했어. 양군민(군사와 백성을 양성할 것), 거번병(지방의 병영을 튼튼히 할 것), 비전마(싸움에 필요한 말을 준비할 것) 등의 3개 조항이 주요 건의 사항이었지.

이 건의가 받아들여지지 않자 이이는 "서울에 2만, 8도에 1만씩 모두 10만의 군사를 길러 국방을 튼튼히 해야 한다"는 이른바 10만 양병설을 재차 주장해. 하지만 나라는 아주 오랫동안 태평성대를 누려 왔고, 이런 상황에서 괜히 군사를 키웠다간 민심만 불안하게 한다는 이유로 이이의 주장은 묵살되고 말았지.

당시 이이의 10만 양병설 반대에 앞장섰던 사람 중 하나가 바로 류성룡이었어. 이이는 류성룡에게 "내가 죽으면 그 훌륭한 재주를 펼쳐 보일 것인가."라는 충고를 하고 1584년에 숨을 거두지. 말 그대로 류성룡이 천거한 이순신과 권율이 각각 바다와 육지를 지켜 전쟁 종식에 큰 공을 세우니 율곡 이이에겐 정말 예지 능력이 있었던 게 아닐까?

이후 일본에선 조선이 통신사를 파견하여 일본과 화평하지 않으면 조선을 침략하겠다며 수차례 조선에 통신사 파견을 요구해 왔어. 하지만 조선 조정은 일개 섬나라의 요구라 하여 무시하기 일쑤였지. 일본의 의도를 알아보려고 파견한 통신사들조차도 서로 엇갈린 의견을 내놓아 전쟁 대비를 소홀히하는, 지울 수 없는 오점을 남기게 되지.

조선의 군사 조직도

조선은 문치주의 국가여서 국방을 책임지는 병조판서, 군사 문제를 다루고 전쟁 지휘를 하는 비변사 등 모든 군의 주요 자리를 문관이 차지하였어. 각 도에 1~3인의 병마절도사를 두어 군사를 다스렸는데, 1인은 반드시 도지사인 문관 관찰사가 겸직하고 나머지는 무관으로 두었단다.

전쟁이 일어나면 육해군의 총사령관인 도원수를 임명하여 지휘권을 행사하게 하였고, 도순변사란 관직을 두어 수시로 지방의 군사 업무를 총괄하게 하였어.

예로부터 조선은 수군이 발달하였는데, 각 도에 수군 절도사를 두고 그 아래에 첨절제사와 동첨절제사를 두었으며 요새에는 수군 만호를 배치하였지. 임진왜란이 일어날 당시, 육군인 병영과 수군인 수영이 설치된 지역은 다음과 같아.

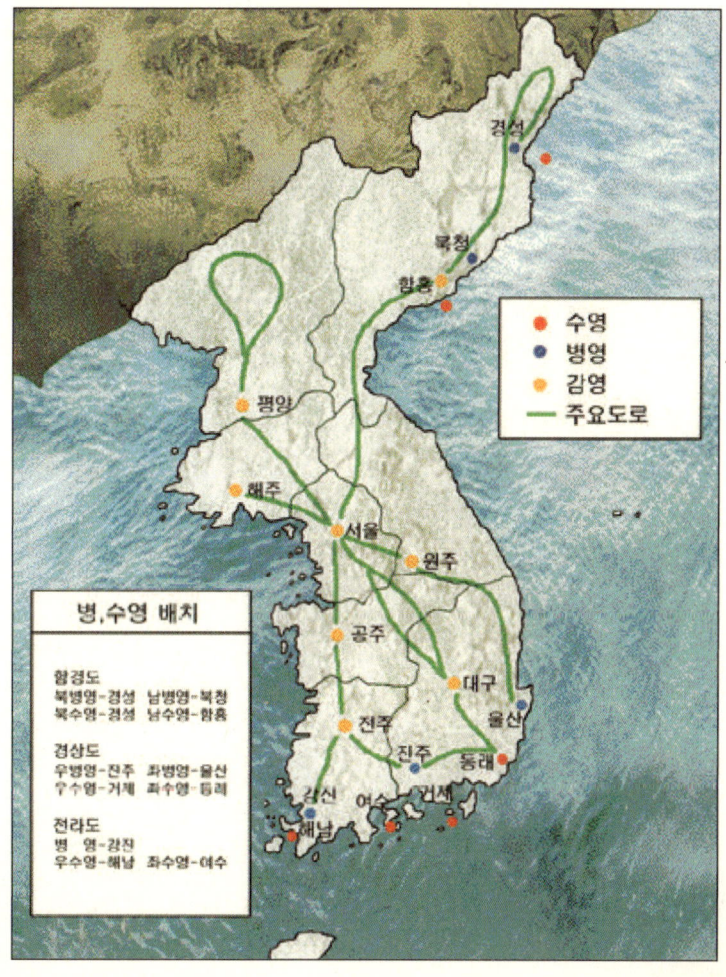

임진왜란 당시 조선의 병·수영 배치도

임진왜란 확대경

나는 새도 떨어뜨린다! 일본의 조총 vs 화력으로 승부한다! 조선의 총통기

일본이 우리 나라를 넘보게 한 가장 큰 원동력이 되었던 무기가 바로 조총이야.
조총이란 날아가는 새도 쏘아 떨어뜨릴 수 있다 하여 새 조(鳥) 자를 써서 붙인 이름이지. 가늠쇠와 방아쇠가 달린 현대적 무기로 총신이 길어 명중률이 높고 사정거리가 보통 50m에서 최대 200m까지였다고 해. 일본군은 전통적으로 개인전인 백병전에 강하고 목숨을 하찮게 여기는 습성 때문에 이들이 조총과 일본도를 갖고 덤벼들면 일정 거리에서 활과 창으로 맞서던 조선군들은 무기력하게 당할 수밖에 없었다고 해.

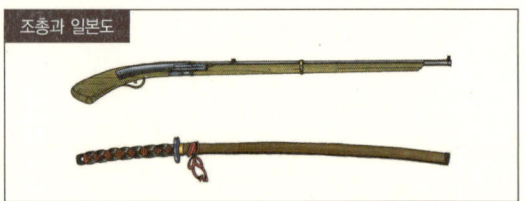
조총과 일본도

그러면 당시 조선에는 조총에 대적할 무기가 전혀 없었을까? 당시 조선군이 가졌던 무기는 실로 어마어마해. 조총에 맞설 수 있는 승자총통이라는 개인 화포를 보통 보병들이 휴대하였는데 총알 15발을 장전할 수 있었대.

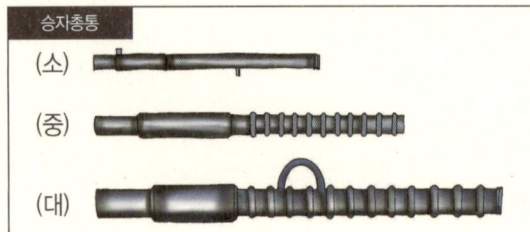
승자총통
(소)
(중)
(대)

또 승자총통 50자루를 장치할 수 있는 총통기라는 화차가 있었는데, 기관총처럼 한꺼번에 750발의 총탄을 연속으로 발사할 수 있었지. 총통기는 행주대첩에서 권율 장군이 10배가 넘는 일본군을 무찌르는 데 큰 공헌을 했단다.

조선에선 고려 말 최무선의 화약 발명으로 일찍부터 이런 화약 무기가 발달하였어. 지금의 대포에 해당하는 총통만 해도 크기에 따라 천자문의 천, 지, 현, 황을 딴 네 종류의 총통 외에 여러 가지가 있었어.

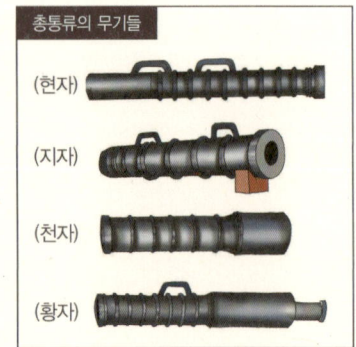
총통류의 무기들
(현자)
(지자)
(천자)
(황자)

여기에 장군전(일종의 나무화살)이나 조란환(새알탄. 한번에 300발이 발사되어 엄청난 살상력을 지님) 등의 탄포를 끼우고 발사하면 적들이 혼비백산하였지.

이외에도 신기전이라는 역추진이 가능한 로켓포, 비격진천뢰라는 일종의 시한폭탄, 수류탄인 질려탄, 지뢰와 같은 지화도 있었어. 이런 우수한 중화기로 무장한 조선의 함대였기에 왜군이 꼼짝도 못했지. 일본에도 오쓰쓰(대통), 나카쓰쓰(중통), 고쓰쓰(소통)라는 대포가 있었는데, 성능이 떨어지는데다 발사 때의 반동을 배가 견디지 못해 허공에 매달아 사용하는 바람에 큰 위력은 발휘하지 못했어.

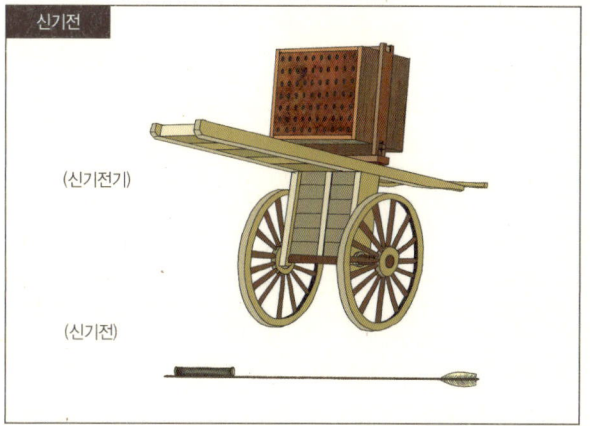
(신기전기)
(신기전)

치고 빠지기의 명수! 일본의 안택선 vs 야무지고 단단하다! 조선의 판옥선

이번엔 조선 수군과 일본 수군의 주력 전함을 비교해 볼까? 일본의 전함인 안택선(일본명, 아타케)은 갑판 위에 있는 집 모양의 사령탑이 사방으로 뚫려 있어 배 위의 모든 상황을 볼 수 있었어. 무엇보다 일본 배의 특징은 밑바닥이 뾰족하여 빨리 달릴 수 있었는데, 이는 일본의 역사와도 무관하지 않아. 바로 노략질을 하고 재빨리 도망갈 수 있도록 하기 위해서였지.
그럼 우리의 판옥선은 어떠했을까?

(일본의 안택선)

판옥선은 밑이 평평하여 회전을 잘할 수 있었고, 거친 바다에서의 항해를 쉽게 하기 위해 배의 앞머리를 둥글게 만들었지. 또 일본 배는 판자를 이어 쇠못을 박은 반면, 판옥선은 나무판을 ㄴ자로 합쳐 거기에 나무못을 비스듬히 박았어. 이런 제자 방법은 견고함의 차이를 가져왔지. 충돌시 쇠못을 박은 일본 배들은 물에 쇠가 부식되어 쉽게 부숴진 반면, 나무못은 바닷물에 불어서 이음새를 더욱 견고하게 만들어 쉽게 부숴지지 않았어.
또 판옥선은 선체가 높아 배에 기어올라 백병전을 벌여야 하는 일본군들을 괴롭게 만들었고, 높은 곳에서 화살을 쏘아대면 적들이 그대로 당할 수밖에 없었으니, 배를 제작한 도편수들도 전쟁 승리에 큰 몫을 했다고 할 수 있겠지?

(조선의 판옥선)

 임진왜란 확대경

수륙 병진 작전 – 육지와 바다를 동시에 석권하라!

일본군이 조선을 치기 위해 구사한 전법은 수륙 병진 작전이야. 바로 일본과 지리적으로 가까운 부산을 거점으로 해서 육군은 경상도를 거쳐 한양을 치고 수군은 남해와 서해를 거쳐 육군에게 물자 보급을 빠르게 해 준다는 거지. 이 작전은 도요토미가 조선을 치기 전인 1587년, 자신에게 굴복하지 않던 규슈 지역을 정벌하면서 이미 시험해 봤던 작전이야. 무려 20만 대군을 이끌고 규슈를 수륙 양면으로 공격했던 도요토미, 그리고 전쟁 경험이 많은 일본군은 정말 거칠 것 없이 조선을 치고 올라왔어. 평양까지 진격한 일본군에게 이제 도요토미의 야망인 명을 치는 것도 시간 문제였지. 그런데 이 작전은 곧 어려운 난관에 직면하게 돼. 바로 이순신의 수군이 바다를 철통같이 지키고 도무지 길을 열어 주지 않았기 때문이지. 바다가 막히면 원활하게 물자 보급을

할 수가 없어서 병사들이 굶어죽기 십상이지. 더구나 조선의 쌀쌀한 날씨는 따뜻한 지방에서 자라온 일본 군사들에겐 매우 견디기 힘들었을 거야. 엎친 데 덮친 격으로 명나라도 군사를 보내 주어 일본군은 평양에서 철수할 수밖에 없었지.

정명가도 - 명을 치려 하니, 조선은 길을 빌려 주어라!

그럼, 명나라는 왜 군사를 보내 주었을까? 당파 싸움과 각지에서 일어나는 반란으로 명나라도 힘든 상황이었거든. 관료들의 부패로 국가 질서는 무너지고, 연거푸 어린 황제들이 등극하는 바람에 내시들이 득세하여 온갖 횡포를 일삼았지. 국가 기강이 해이해지면 언제나 외적이 들끓는 법. 북쪽에선 몽골 부족이 힘을 키워 호시탐탐 명을 노렸고, 남쪽에선 왜구의 노략질이 끊이질 않았지.

임진왜란이 일어나기 한 달 전, 북방에서 몽골의 반란이 일어나자 명 조정은 이여송 장군을 보내 겨우 진압에 성공하지만 그로 인해 조선 파병이 1년 정도 늦어진 1593년에 이뤄지지. 하지만, 조선이 무너지면 다음은 명의 차례라는 것이 너무도 뻔했기에 명은 부랴부랴 군사들을 조선에 급파하였던 거야.

선조의 망명 요청

계속되는 일본군의 진격에 선조는 마침내 한양을 버리고 평양으로 피난길에 오르게 된단다. 이마저도 여의치 않자 선조는 명나라에 망명 요청을 하게 돼. 하지만 명나라로서는 조선의 임금이 건너온다면 일본이 명나라를 치는 좋은 구실을 주게 되고 이로 인해 전쟁의 불똥이 자기네 나라로 튈지 모른다고 생각하여 거절하지. 기어이 선조가 건너온다면 수행 인원을 100명으로 제한하여 빈 집에 수용하겠다는 굴욕적인 망명 교섭을 해 왔단다. 선조는 망명을 포기하고 함경도 의주에 피난 조정을 설치하여 전쟁에 대비하게 돼.

임진왜란 확대경

위기의 나라는 우리가 지킨다! 의병의 눈부신 활약

바다는 이순신이 철통같이 지켰는데, 그렇다면 육지의 적들은 어떻게 막아냈을까? 바로 나라를 위해 스스로 일어난 의병들이 굳건히 지켜냈단다. 임진왜란 때 관군들이 힘없이 무너지자 누가 뭐랄 것도 없이 여기저기에서 의병들이 일어나기 시작했어. 의병은 양반뿐 아니라 가장 홀대를 받던 천민에 이르기까지 신분에 관계없이 널리 퍼져 있었어. 1593년 명나라에 보고한 의병 숫자만 해도 관군의 4분의 1인 2만2천여 명이나 됐다고 하니, 임진왜란 초기에는 이보다 훨씬 많았을 거야.

유명한 의병장으로는 곽재우, 고경명, 조헌, 김천일, 정인홍, 정문부와 승려인 휴정과 유정 등이 있단다. 의병은 전쟁 초기 적의 진격을 저지하며 많은 지역을 탈환하였는데, 점차 관군의 활약이 늘어나면서 의병 활동에 제약을 가해 해체되거나 관군에 흡수되었단다.

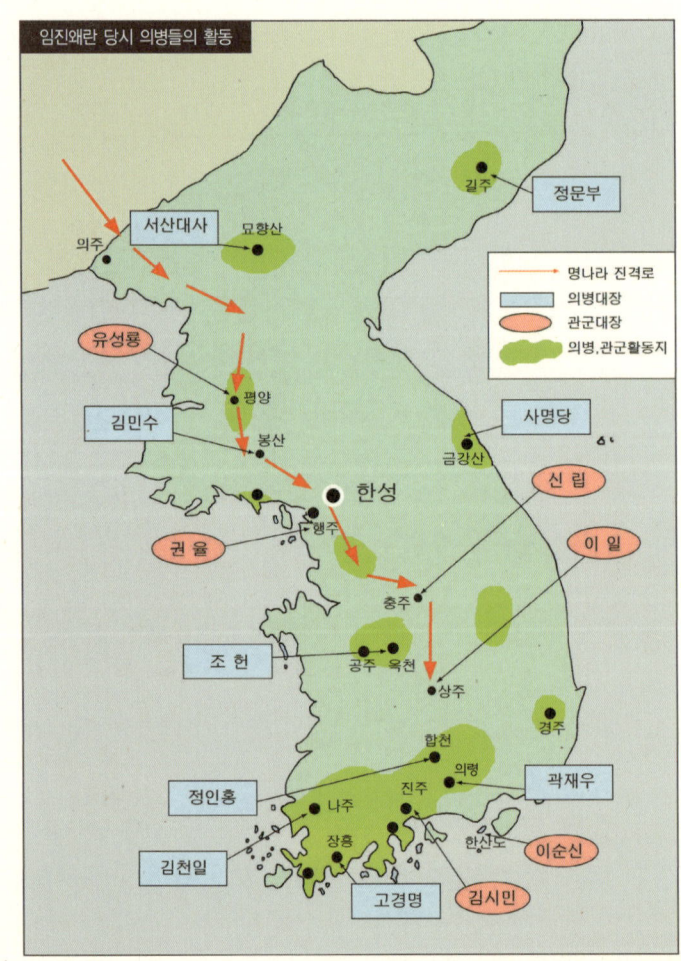

임진왜란 당시 의병들의 활동

도요토미 히데요시가 명나라에 내건 7가지 조건

도요토미는 생각보다 조선 정벌이 쉽지 않자 마침내 7개의 강화 조건을 내걸었어.

첫째, 명나라의 황녀를 일본의 후비로 보낸다.
둘째, 일본과의 무역을 재개한다.
셋째, 두 나라 대사가 서로 서약서를 쓴다.
넷째, 조선 8도 중 4도(강원, 평안, 함경, 한강 이북의 경기도와 서울)만 조선 국왕에게 주고, 한강 남쪽의 4도(경상, 전라, 충청, 경기도 일부)는 일본에게 할양한다.
다섯째, 조선의 왕자 및 대신 1~2명을 인질로 준다.
여섯째, 이미 포로가 된 조선의 두 왕자는 돌려보내 준다.
일곱째, 조선의 대신이 앞으로 약속을 위반하지 않는다는 서약서를 쓴다.

이 조건들이 받아들여지지 않자 그는 1597년인 정유년, 조선을 다시 침략하지(정유재란).

임진왜란 확대경

잔악 행위의 근거지, 남해안 일대의 왜성들

남해안 일대엔 지금도 일본군이 주둔하였던 흔적이 남아 있어. 이를 '왜성'이라 부르는데, 모두 28곳이나 되지. 일본군은 왜 이런 성들을 만들었을까?

정유재란을 일으킨 일본군은 임진왜란 때 경상도를 거쳐 바로 한양으로 입성했던 것과는 달리 이번에는 전라도 공격에 역점을 두었단다. 곡창 지대인 전라도 지역을 장악해야 군량미 보급이 확실해져서 수륙 병진 작전이 용이하다는 이유에서였지. 하지만 임진왜란 때와 마찬가지로 이순신 장군이 거느린 조선 수군의 눈부신 활약으로 이들은 그 계획을 포기해야만 했어.

명량해전에서 이순신에게 또 참패를 당하자 일본군은 과거 바닷길 차단으로 겪은 악몽을 떠올리게 됐겠지. 또한 곧 조선의 혹독한 겨울이 닥쳐오기도 하였고… 때문에 일본군들은 일제히 남하하여 남해안 일대에 주둔하게 된단다. 이순신의 천적 고니시 유키나가도 1597년 9월(선조 31년)에 순천에 왜성을 쌓고 11개월 동안 주둔하였어.

왜성에서 일본군은 15만 명이 넘는 조선인을 잡아 일본에 보냈고 문화재 약탈뿐 아니라 도요토미를 위해 조선 호랑이를 잡아들이는 등 온갖 악행을 서슴지 않았단다. 지금도 성터가 남아 있는 순천, 웅천, 안골, 서생포, 거제 등의 왜성은 우리 민족의 슬픈 과거사가 서려 있는 곳이지.

전라도 지역 조선인들의 코를 베어 보내라!

전라도 지역에서 행해진 일본군의 가장 잔혹한 행위는 조선인들의 코를 베어 영수증처럼 일본에 보낸 일이야. 조선인을 잡아 포르투갈 상인들에게 파는 데 혈안이 된 일본 군사에게 도요토미는 다음과 같은 악랄하기 짝이 없는 지시를 내려.

- 사람은 귀가 둘이나 코는 하나다. 조선인들의 코를 베어 머리를 대신하라.
 병사 한 사람이 한 되의 코를 벤 후에야 조선인을 포로로 잡는 일을 허락한다. -

전라도 일대에서 3,369의 코를 받았다는 기록이 남아 있다니 이 얼마나 끔찍한 일이겠니. 일본군은 어른들은 죽여서 코를 베어 갔지만, 어린아이들은 코만 베어 갔기에 후에 어른이 되어서도 코 없이 산 사람이 많았대.

제1화
전란의 기운

"전하, 왜국의 동태가 심상치 않사옵니다. 일본 전국을 통일한 도요토미 히데요시가 호시탐탐 침략의 기회를 엿보는 낌새라 하옵니다. 왜국의 침입에 대비해야 하옵니다!"

류성룡은 이렇게 말한 뒤 대전 바닥에 얼굴을 묻었다. 그 모습을 보고 있던 다른 대신들은 저마다 얼굴 표정이 달랐다. 어떤 이는 류성룡의 염려가 너무 지나치다 생각하였고, 또 어떤 이는 류성룡의 충언을 귀담아들어야 한다고 생각했다.

이들의 생각이 이렇듯 다른 데에는 다 이유가 있었다. 당시 조선은 동인과 서인으로 나뉘어 서로 으르렁대고 있었던 것이다. 이들은 나라와 백성들의 안위보다는 자신이 속한 당파의 이익을 더 중시했다.

류성룡은 답답하기만 했다. 결정을 내려야 할 선조 임금조차 당파 싸움에 갈팡질팡하고 있었다. 보다 못한 류성룡은 모두가 모인 자리에서 다음과 같이 말했다.

"전하, 왜국이 침략을 하든, 하지 않든 국방을 튼튼히 하는 것은 나라의 근본된 일이옵니다."

"그래, 어찌하면 좋겠소?"

선조가 묻자 모두들 숨을 죽이고 류성룡을 바라보았다.

"믿을 수 있는 장수들을 보내어 조선 전군의 준비 태세를 살피시옵소서."

그러자 동인들과 서인들은 잠시 꿀먹은 벙어리처럼 조용해졌다. 하지만 이내 왁자지껄 떠들어대기 시작했다. 각자 자기 당파에 속한 장수를 추천하려는 것이다.

류성룡은 이미 생각해둔 장수들이 있었고 먼저 의견을 제기했으므로 가장 먼저 말을 해야 했으나 워낙 많은 사람들이 먼저 자기 사람들을 천거하는 바람에 말도 꺼내기 힘들었다.

대신들은 특히 다음 두 사람을 집중적으로 거론했다. 바로 신립과 이일이었다.

신립은 북방 여진족을 토벌해 명성을 날리고 있었고, 이일은 높은 관직에 있는 자들과 친분이 두터웠다.

류성룡은 이들로는 안 된다고 생각하며 속으로 한숨을 내쉬었다. 사실 신립이 여진족을 토벌한 용장임에는 틀림없지만, 그의 성격이 무척 잔인하고 겉으로 뽐내기를 좋아하였다. 이일은 윗사람에게는 잘했으나 자신보다 신분이 낮은 사람들을 잘 다루지 못하였으며 안하무인의 성격까지 가지고 있었다.

"나라의 앞날이 심히 걱정되는구나."

류성룡은 대전을 나와 한숨을 쉬며 붉게 변한 하늘을 바라보았다. 문득 10년 전 도승지 시절, 병조판서 율곡 이이가 간언한 10만 양병설에 반대했던 자신의 처사가 심히 부끄럽게 떠올랐다.

"율곡 선생은 정말 혜안을 가진 분이셨어."

1582년 병조판서 율곡 이이는 외침에 대비하여 10만 군사를 양성하여 서울 도성에 2만, 전국 8도에 각 1만씩 두어 남쪽의 왜적과 북쪽 오랑캐의 침입에 대비해야 한다고 강변했었다.

그리하여 뒤늦게나마 류성룡이 천거하려고 염두에 둔 사람은 이순신과 권율이었다. 그러나 이들은 신립과 이일에 비해 모두 무명에 가까운 인물이었고 권력도 없었다.

결국 류성룡의 바람은 이루어지지 않았다. 류성룡은 두 눈 멀쩡히 뜨고 신립과 이일 두 장수가 선발되는 광경을 바라볼 수밖에 없었다.

아니나 다를까, 신립과 이일은 오히려 일을 더 꼬이게 만들고 있었다. 신립은 가는 곳마다 자신의 말을 듣지 않는 자들의 목을 매달았다. 왜국의 침입에 대비하여 군사들의 준비 태세를 잘 정비하라고 보내 놓았더니 거꾸로 군사들을 괴롭히기 시작한 것이다. 때문에 조선 각군은 신립의 비위를 맞추는 데만 집중했다. 이일은 이일대로 제대로 일을 하지 않고 그저 수박 겉핥기식으로 주변만 살피다 돌아왔.

류성룡은 먼저 신립을 찾아갔다.

"그래, 조선군의 준비가 어떻소?"

그러자 신립은 자신만만하게 큰소리를 쳤다.

"내 일찍이 이렇게 강한 조선군은 본 적이 없습니다."

이일의 대답도 마찬가지였다.

"조선군은 이상이 없으니, 왜국이 쳐들어온다 한들 걱정할 것이 하나도 없습니다."

 이 둘의 보고는 선조 임금과 대신들에게도 보고되었고, 모두들 한시름 덜었다는 표정을 지었다. 류성룡만 빼고 말이다. 류성룡은 이대로 있으면 안 되겠다고 생각했다. 그리고 곧바로 실행에 들어갔다.

제2화
이순신과 권율을 발탁하다

　류성룡은 자신이 생각해둔 장수들을 왜국의 침입에 대비할 수 있는 자리에 앉히는 일을 추진했다. 이순신을 전라좌수사로, 권율을 의주 목사로 천거한 것이다.

　류성룡이 이순신을 전라좌수사로 천거한 이유는 왜국이 쳐들어올 경우 남해안을 방어하여, 서해를 통해 한양으로 직접 함선을 몰고 쳐들어오는 것을 막을 수 있기 때문이었다.

　이리하여 1591년 2월, 이순신은 정3품 전라좌수사로 파격 기용되었다. 좌수사 자리는 독자적으로 작전을 수행할 수 있는 요직 중의 요직이었다.

서인들도 이미 자신들이 원하던 신립과 이일이 중요한 임무를 독차지하고 있었기 때문에 다행히 이번에는 반대하지 않았다. 그러나 이도 잠시뿐, 서인들은 류성룡을 견제하기 시작했다.

특히 서인의 우두머리 윤두수는, 동인인 류성룡이 천거한 이순신이 전라좌수사라는 요직에 기용되자 이를 곱게만 보고 있을 수 없었다.

"전하, 전라좌수사에 이순신을 앉혔으니 경상우수사에는 원균을 임명해야 마땅한 줄 아옵니다."

원균 또한 이순신만큼 북방 외적 토벌에 앞장선 인물이기는 했다. 하지만 그는 수군 경험이 전혀 없었다. 이순신은 전라좌수영 발포진 수군 만호, 만포진 수군 첨절제사 등 수군 방면의 경험이 있었다. 또 이순신은 전공에 비해 평이 높지 않았으나 원균은 그의 공에 비해 평이 높은 사람이었다.

이순신은 정직하고 올바른 성품 때문에 윗사람들에게도 잘못된 부분을 곧잘 말해 미움을 샀다. 그러나 원균은 윗사람에게 직언을 하지 않았다. 덕분에 미움도 사지 않았고, 윤두수의 마음에도 들었던 것이다. 윤두수는 원균을 적극 천거하여 결국 경상우수사 자리에 앉히는 데 성공하였다.

류성룡이 매번 앞서서 일을 처리하면 서인들이 곧바로 따라붙어 나라의 안위보다는 자신들의 권력을 강화하는 일에만 힘썼다. 류성룡은 걱정하지 않을 수 없었다. 원균에 대해 잘 알고 있었기 때문이다.

"경상우수사는 왜군이 쳐들어오면 경상도 바다를 지켜서 그들이 뭍에 올라오는 것을 막아야 하는 중요한 자리인데, 큰일이 아닐 수 없습니다."

류성룡의 말을 전해들은 이산해는 궁금한 듯이 물었다.

"무엇 때문에 그러시오?"

"그가 북방에서 활약한 것은 사실이나 이순신과는 달리 군사가 많았고, 또 그를 도와 주는 윗사람들도 많았기 때문입니다. 그가 수군을 지휘하면 누구의 도움도 없이 왜군을 맞아야 할 텐데, 잘할 수 있을지 그것이 걱정이옵니다."

이산해는 류성룡과 같은 동인에 속하였고, 아직은 류성룡과의 사이가 나쁘지 않았다. 하지만 류성룡과는 달리 평소 군사에 관심이 없던 이산해는 그저 고개만 끄덕일 뿐이었다. 심지어 이런 소리까지 했다.

"통신사로 왜국에 다녀온 김성일은 왜국이 전쟁을 일으킬 조짐이 없다 하지 않았소?"

류성룡은 그 말에 아무런 대꾸도 하지 않았다. 류성룡은 김성일이 진심을 말했다고 생각하지 않았다. 김성일은 류성룡에게 이런 말을 한 적이 있었다.

"익히 전해듣기로 일본 전국을 통일한 도요토미 히데요시는 내부의 불만을 외부로 돌리는 데 탁월한 자라 하옵니다. 그의 주변에 자신들의 공로에 비해 보상이 부족하다며 불평불만을 일삼는 자들이 적잖은 것 같사옵니다."

도요토미 히데요시가 이런 그들을 조선 침략의 선봉에 내세울 가능성이 높았다. 더구나 그는 이미 조선에 사신을 보내 명나라를 치겠으니 길을 열어 달라고 하지 않았던가?

'김성일이 서인들을 견제하기 위해 진실되게 말하지 않았을 것이다.'

류성룡은 김성일이 왜 진실되게 말하지 못했는지 이해할 수 있었다.

'서인인 황윤길이 먼저 전하께 아뢰도록 놔둔 것이 큰 실수다!'

류성룡은 정확하게 김성일의 생각을 읽고 있었던 것이다.

당시 말 한 마디로 동인과 서인의 세력이 달라질 수 있었으니 김성일은 황윤길에게 끌려갈 수 없다고 생각했던 것이고, 뒤에서 김성일이 귀띔해 준 것은 자신이 살펴본 대로 말하지 못하였음을 알렸던 것이다.

'전쟁은 반드시 일어난다. 하지만 원균은 제 역할을 못할 것이다.'

류성룡은 자신의 예상이 틀리기를 바랐다. 그러나 불행하게도 주변의 상황은 그의 예상대로 흘러가고 있었다.

류성룡은 이순신을 믿었다. 실제로 이순신은 거북선이라는 새로운 함선까지 건조하며 왜란에 대비하고 있었다.

문제는 서인들이 용장이라고 내세운 원균이었다. 원균은 자신을 경상우수사에 천거해 준 서인의 우두머리 윤두수에게 충성한답시고 나름대로 고안한 괴상한 훈련을 시키고 있었다.

파도에 적응하려면 흔들리는 말에서 훈련을 해야 한다며 육지에서 시키던 훈련을 똑같이 시키고 있었던 것이다.

이 소식을 접한 류성룡은 윤두수를 찾아갔다. 윤두수는 겉으로는 웃고 있었으나 아무 말도 하지 않고 류성룡을 맞았다.

"듣자하니 원균이 수군다운 훈련은 시키지 않고 자신의 주특기인 육군의 훈련을 시킨다고 들었습니다. 이게 사실입니까?"

"지금 우리 서인을 능멸하는 것입니까?"

이 말을 들은 류성룡은 기가 막혔지만 화는 화를 부를 뿐이란 걸 잘 알고 있기에 꾹 참으며 침착하게 말했다.

"다 나라를 걱정하는 마음에서 말하는 것이지 왜 서인을 공격하겠습니까?"

윤두수도 류성룡의 평소 처신과 생각을 잘 알고 있는 사람이었다.

"알아서 할 터이니 그만 물러가시오."

사실 윤두수도 류성룡의 말을 듣고 속으로 무척 놀랐다. 그러나 반대파인 류성룡이 한 말을 그대로 받아 줄 수 없었기 때문에 마음에도 없는 말을 한 것이다. 그는 나중에 류성룡의 말이 사실임을 알고 원균을 꾸짖어 훈련 방법을 바꾸도록 했다.

제3화
임진왜란 발발

1592년 4월 13일, 부산포 앞바다의 파도는 그리 높지 않았다. 병사들도 여느 때와 마찬가지로 한가로운 시간을 보낼 것을 기대하며 망루에 올라섰다. 푸른 하늘에 구름 한 점 없이 맑은 날이었다.

그런데 지금까지 보지 못하던 것들이 보이기 시작했다. 처음에는 한두 척 보이던 것이 곧 수백 척으로 불어났고, 점점 가까이 다가오고 있었다.

병사들은 즉시 봉화를 피워 올렸다. 왜군의 700여 병선이 쓰시마를 출항하여 부산포에 이르고 있다는 보고가 곧 경상도, 전라도의 각 감영과 중앙에 전달되었다. 경상좌수사 박홍과 경상우수사 원균은 왜군과 싸워 보지도 않은 채 줄행랑을 치고 말았다.

선봉대장 고니시 유키나가가 이끄는 1만8천여 명의 제1군은 뭍에 배를 대자마자 무더기로 쏟아져나왔다. 그에 비해 부산진성 첨사 정발의 군대는 고작 5백 명이었다.

왜군은 부산진성을 마치 회오리가 낙엽을 쓸어가듯 삽시간에 쓸어버리고 곧바로 부산의 마지막 저항지인 동래성으로 향했다. 동래부사 송상현은 군민과 힘을 합하여 결사항전했지만 중과부적으로 전멸하고 말았다.

가토 기요마사가 이끄는 제2군, 구로다 나가마사가 이끄는 제3군 등 왜군의 후속 부대가 속속 상륙하여 총 병력이 16만 명에 가까웠다. 여기에 구키 요시다카, 도도 다카토라 등의 9천여 수군도 합류하였다.

이 소식은 곧 한양의 조정을 향해 날아들었다.

"부산이 모두 왜군의 수중에 넘어갔다 하옵니다! 뿐만 아니라 한양을 향해 파죽지세로 몰려오고 있다 하옵니다!"

덕분에 두드러지게 주목을 받게 된 장수가 신립과 이일이었다. 선조는 우선 이일을 순변사에 임명하여 경상도 상주에서 왜군의 진격을 막도록 명했다. 류성룡은 이일이 제대로 해내지 못할 것을 예상했다. 그래서 뜻밖의 선택을 했다.

"전하, 이일이 상주로 가 있는 동안 신립에게 군대를 만들 기회를 주소서."

서인들은 처음에는 자신들의 귀를 의심했지만, 류성룡의 말에 따르는 수밖에 없음을 깨달았다. 류성룡은 신립의 성격이 호락호락하지 않은 이상 왜군들을 그대로 놔두지 않을 거라고 판단했다.

류성룡의 예측은 맞았다. 이일이 4월 24일 상주에서 가토 기요마사에게 패하여 충주로 물러나자 왜군은 조령과 죽령 등지에서 아무런 저항도 받지 않고 충주까지 진격해 왔다.

이일을 굳게 믿고 있던 선조와 조정 대신들은 큰 충격에 휩싸였다. 류성룡은 이 때 오히려 이일을 두둔했다.

"지금은 잘잘못을 따질 때가 아닙니다. 이일이 도주했다지만 그의 병사들이 너무 적었습니다."

선조는 화를 누그러트리며 신립을 빨리 부르라고 했다. 신립이 오자 친히 자신의 검을 주며 반드시 왜적을 막으라고 했다. 신립이 자리를 뜨자 선조가 류성룡에게 물었다.

"신립은 잘해내겠지? 그렇지 않소?"

"잘해낼 것이옵니다. 다만 아무리 호랑이 장수라 하더라도 이번 전투에 너무 큰 기대는 하지 마시옵소서."

류성룡은 신립 또한 왜군을 막는 데 많이 부족함을 알고 있었지만, 그가 막아서면 일단 왜군이 함부로 치고 올라오지는 못할 거라고 판단했다. 신립의 잔인하고 고약한 성격이 왜군의 기세등등한 사기만 꺾어 주어도 된다고 생각했다. 한양을 어떻게 해서든 지켜내야 했던 것이다.

그 동안 조정에서는 왜군의 한양 공격에 대비하여 도성의 성곽을 쌓게 하는 한편, 김명원을 도원수로 삼아 한강 방어에 나서게 했다.

임금의 명을 받은 신립은 군사를 모으기 시작했다. 그러나 평소에는 그에게 잘 보이려고 애쓰던 장수와 군사들 중 그와 함께 싸우려는 사람은 별로 없었다. 그의 성격이 워낙 사나워서 잘 보이려고 했을 뿐이지 결코 신립 장군 자체를 존경한 것은 아니었기 때문이다.

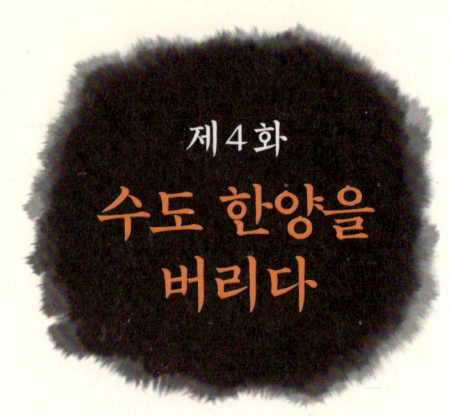

제4화
수도 한양을 버리다

신립은 군사들이 모이지 않자 류성룡을 찾아갔다.

"대감께서 도와 주셔야겠습니다."

"무슨 문제요?"

"군사들이 부족합니다. 어떻게 해서든 보태 주십시오."

류성룡은 신립의 말을 듣고 자신이 모은 4백 명의 군사들을 보태 주었다. 그들은 원래 한양 방어를 위해 쓸 군사들이었다.

이렇게 해서 신립이 모은 군사는 모두 8천여 명이 전부였다. 조선을 대표한다는 장수가 모은 군사가 고작 이것밖에 안 된 데에는 다 이유가 있었다.

원래 고려 때나 중국 같은 경우에는 중앙군이 존재했다. 하지만 조선은 달랐다. 조선에는 '제승방략제도'가 있었다. 이 제도는 전쟁이 일어나면 해당 지역 백성들 중 싸울 수 있는 자들을 모아 그들을 훈련시켜서 전쟁에 임하게 하는 제도였다.

물론 이 제도는 반란을 제압하는 데에는 꽤 쓸모가 있었다. 은밀히 군대를 만들고 싶어도 소문이 퍼져 임금의 자리를 함부로 노릴 수 없었다. 또한 군대 유지 비용을 줄일 수 있었다. 중앙군을 두면 그들을 입히고 먹이는 데 큰 비용이 드는 게 사실이었다.

하지만 지금과 같이 적군이 16만을 넘을 때는 별 도움이 되지 않았다. 8천 명도 어떻게 보면 많이 모았다고 할 수 있었다. 신립 장군의 장기인 기마병 1천여 명이 모인 게 그나마 천만 다행이라고 할 수 있을 정도였다. 문제는 왜군의 조총이었다. 류성룡은 이 점을 무척 걱정하고 있었다.

"적은 조총을 가지고 있으니 충주의 깊은 숲이나 산골을 이용하는 게 어떻소?"

류성룡이 이렇게 제안하자 신립은 크게 웃으며 큰소리를 쳤다.

"우리가 마치 적을 두려워하는 것처럼 말씀하시니 섭섭합니다."

자신의 군사까지 빌려가면서 큰소리를 치는 신립이었지만 류성룡은 지금으로선 신립을 믿을 수밖에 없었다. 조선에서, 특히 육전에서는 신립만큼 유명하고 모두가 인정하는 장수가 없었던 것이다.

신립은 조금이라도 기가 죽어 있거나 하면 부하 군사들을 가만 두지 않았다. 부상병이 생겨도 걸을 수 있으면 갈 길을 재촉했다.

마침내 왜군을 맞아 싸우기로 정한 충주에 도착하였다. 충주에는 산들이 많았다. 류성룡의 말대로 산에 들어가 싸우기를 원하는 장수도 여럿 있었다. 그러나 신립은 끝까지 자신의 고집을 꺾지 않았다.

"지금 우리는 군사 수가 부족한 것이 문제가 아니다. 정신 상태가 중요하다."

신립은 탄금대의 평지를 선택했다. 탄금대 뒤로는 깊고 넓은 강물이 흘렀고 앞쪽은 평지였다. 이에 신립은 이렇게 말했다.

"도망칠 곳도 없으니 죽기로 싸우는 수밖에 없다!"

사실 신립의 말대로 도망칠 곳이 없으니 왜군을 맞아 싸우는 수밖에 도리가 없었다.

"우리에게는 기마 부대가 있다."

또 기마 부대를 활용하기 위해서는 평지를 선택한 것도 맞다. 기마

전술은 말을 타고 빨리 적을 몰아내는 방법이므로 산에서 싸우면 안 되었다. 신립은 나름대로 자신이 원하는 전쟁을 하기 위해서 탄금대를 택했다고 볼 수 있었다.

　신립은 탄금대에 배수진을 치고 북상중인 왜군을 기다렸다. 선조 임금과 대신들은 그가 패하리라고는 생각조차 하지 않았다. 북방 여진족을 소탕한 그였고, 단 한 번도 패한 적이 없는 장수였다.

　"신립이 막아 주면 그만이다."

　조정 대신들은 그렇게 생각했다. 류성룡만이 그가 왜군을 맞아 최대한 시간을 끌면서 그들의 기세만 꺾어놔도 좋다고 생각했다.

　류성룡이 지금까지 입수한 정보에 의하면 왜군은 생각보다 무척 강했다. 아무리 호랑이 장군 신립이라 해도 쉽게 승리를 장담할 수 없었다. 그런 왜군을 맞아 최소한 일주일 이상만 버텨 준다면 그 사이 한양에 많은 군사들을 모아 왜군에 대적할 수 있을 것이다.

　선조 임금과 대신들, 류성룡은 충주 전투 소식만 애타게 기다렸다. 그렇게 하루가 지났다. 연락이 더딜수록 류성룡의 바람대로 되는 것이었다.

"급보! 급보입니다!"

파발마가 도착했다. 하루밖에 지나지 않았는데 말이다. 만약 신립 장군이 이겼다면 다행이지만 그렇지 못하다면 실로 어마어마한 충격이 아닐 수 없었다. 조정에 모인 임금과 대신들 앞에서 파발마를 타고 온 병사는 숨도 쉬지 못하고 가쁜 목소리로 말했다.

"신립 장군은 처음에는 여러 차례 적을 격퇴하였으나 땅이 질어 말들의 발걸음이 느려지는 바람에 기마병들이 왜군의 조총에 맞아 전멸하였고, 뒤이어 남은 군사들도 모두 죽기로 싸웠으나 결국 전멸하고 말았사옵니다!"

임금과 대신들은 아무 말도 하지 못했다. 류성룡은 손을 들어 얼굴을 묻고 말았다. 최소한 일주일 이상 시간을 벌어 주길 바랐으나 고작 하루만에 전멸하였다는 것이다.

충주 다음은 한양이었다. 즉 길목을 내줬다는 말이고, 언제 한양이 왜군의 수중에 떨어질지 모르는 위기에 처했다는 뜻이었다.

류성룡은 즉각 명나라에 원병을 청하자고 했다. 한양 이북 땅에 있는 군사들과 한양 인근의 군사들을 모아 왜군의 침입에 대비하자

고도 했다.

　선조와 대신들은 명나라에 원병을 청하자는 제안은 받아들였으나 그들은 하루라도 빨리 한양을 떠나고 싶어했다. 특히 같은 동인이자 영의정인 이산해는 임금이 한양을 떠나야 한다고 주장했다.

　류성룡은 반대했지만 선조는 이산해의 말을 듣고 한양을 떠나기로 결심했다. 군사들을 모을 겨를도 없이 임금과 대신들은 한양을 떠나는 데 급급했다. 류성룡은 남으려고 했지만 선조 임금은 그가 한양에 남는 것을 허락하지 않았다. 류성룡처럼 군무를 잘 아는 이가 자신 곁에 항상 필요했기 때문이다.

　결국 4월 30일, 선조와 대신들은 도성을 버리고 개성을 향하여 피란길에 올랐다. 이어 5월 3일, 왜군 상륙 20일만에 한양이 함락되자 다시 평양으로 달아났다.

　그리고 임해군은 함경도로, 순화군은 강원도로 보내 근왕병을 모집하였지만 오히려 백성들에게 붙잡혀 왜군에게 인도되고 말았다.

　임금이 달아나자 한양에서는 민란이 일어나 공사 노비의 문서가 있는 장례원과 형조의 건물을 불태우고 경복궁, 창덕궁 등 궁궐과 관청을 약탈하였다.

　한양을 함락시킨 왜군은 고니시 유키나가의 부대는 평안도, 가토 기요마사의 부대는 함경도, 구로다 나가마사의 부대는 황해도로 진로를 정하는 한편, 한양 수비 부대를 두고 경상도, 강원도, 전라도 방면으로 진출하여 후방 지역을 담당하였다.

　가토 기요마사로부터 한양을 점령했다는 보고를 받은 도요토미 히데요시는 왜군 지휘부에 몇 가지 지시 사항을 하달했다.

　'조선 국왕을 찾아낼 것, 군율을 세워 병사들의 난폭한 행동을 금할 것, 한양에 자신의 거처를 마련할 것, 군량을 비축할 것!' 등의 내용이 포함되어 있었다. 조선을 거점으로 명나라 침략에 착수하겠다는 구상을 드러낸 것이다.

　이어 6월 15일 평양이 함락되고, 거의 무방비 상태인 전 국토는 함경도까지 진출한 왜군에 짓밟히게 되었다.

제5화
명나라의 원병이 오다

　1592년 6월, 명나라에서 사신들이 왔다. 류성룡은 이들이 당연히 조선을 지원하기 위해 왔다고 굳게 믿었다. 왜냐하면 조선은 왜군의 명나라 침략에 반대하고 있었기 때문이다.
　그 대가로 임금은 한양을 버려야 했고, 수많은 백성과 군사들이 희생되었다. 하지만 류성룡의 생각과는 달리 명나라 사신들은 류성룡을 보자마자 큰소리를 치기 시작했다.
　"지금 조선이 왜국과 짜고 우리 명나라를 치려는 게 아니오?"
　"천부당만부당한 말씀입니다."

류성룡은 기가 차서 더 이상 말이 나오지 않았다.

'왜군에 짓밟힌 조선 백성들의 비명 소리가 귓전을 울리고 있는데, 이들은 지금 무슨 말을 하고 있는 것인가!'

류성룡이 아무 말 없이 부르르 떨자 명나라 사신들도 당황하지 않을 수 없었다. 류성룡의 끓어오르는 분노에 찬 눈을 보고는 더 이상 함부로 말을 할 수가 없었다.

류성룡은 명나라 사신들을 접견장으로 안내했다. 그리고 마음을 가라앉히고 침착하게 말을 시작했다.

"지금 조선의 백성들은 왜군들에게 쌀과 곡식을 빼앗겨 굶어 죽어가고 있습니다. 또한 임금은 한양을 버리고 의주까지 피난해 있습니다. 이 이상 무엇을 더 설명드려야 하겠습니까?"

가만히 듣고만 있던 명나라 사신 중 임세록이란 자가 나섰다.

"조선은 동방에서도 강병들이 있는 곳이라 들었는데, 어찌 한 달이 못 되어 수도 한양을 버렸소?"

류성룡은 그 질문에 얼굴이 붉어졌다. 조선의 사정을 일일이 설명하기엔 너무 길었다. 또 강병이 많은 나라에서 한양을 한 달도 못 되어 내줬다는 말에는 부끄러워서 무슨 말을 해야 좋을지 몰랐다. 이내 마음을 진정시킨 류성룡은 차분하게 말했다.

"조선이 평화로운 시기에 왜군은 싸우고 단련된 군사들을 이끌고 갑자기 쳐들어 왔습니다. 때문에 대처를 못해 송구스럽습니다. 하지만 우리 조선은 명나라에 대한 의리를 저버리지 않기 위해 목숨을 걸고 싸우고 있습니다."

임세록도 류성룡의 말을 듣고 할 말이 없었는지 서로 말없이 침묵만 흘렀다.

"조선이 원하는 것이 무엇이오?"

답답했던 다른 명나라 사신인 최세신이 입을 열었다.

"저희들은 다만 명나라 원병만을 바랄 뿐입니다."

류성룡은 국제적인 상황에 대해서도 잘 아는 사람이었다. 몽골 귀화인 발배 등이 반란을 일으켜 명나라가 대대적인 소탕 작전을 벌인 것을 잘 알고 있었다. 그래서 명나라도 쌀과 곡식이 부족하기는 마찬가지라는 점을 잘 알았다. 단지 군사를 보내 주면 만족하겠다고 말한 이유도 이런 사실을 잘 알고 있었기 때문이다.

조선도 식량이 모자라기는 마찬가지였지만 다행히 호남 지방(전라도)에 풍년이 들었다는 소식을 들었고, 이북 각처에서 곡식을 거둬들이고 있었기 때문에 군량을 감당할 자신도 있었다.

"우리는 단지 조선의 상황을 살피러 온 사신일 뿐이오. 나머지 문제는 명나라로 돌아가 황제 폐하의 명을 받아야 한다오."

두 사신은 그렇게 말했다. 류성룡도 고개를 끄덕였다. 수천 명 이상의 원병을 지원받는 게 그리 쉬운 일은 아닐 터였다.

"알겠습니다. 그럼 기다리겠습니다. 그 사이 조선은 조선과 명나라를 위해 왜군과 끝까지 결전을 벌일 것입니다."

명나라 사신들은 류성룡의 말에 감탄하지 않을 수 없었다. 위급한 상황인데도 달려들어 살살 비는 것이 아니라, 최대한 자제하며 왜군에 맞서겠다는 결연한 모습을 보이고 있지 않은가!

"꼭 좋은 결과를 가져오겠소."

그들은 류성룡의 인품을 보고 조선이 왜군의 앞잡이란 소문은 터무니없음을 깨달았다. 뿐만 아니라 조선을 돕는 길이 명나라를 위해서도 좋은 일이라 여겼다.

명나라 황제를 접견한 사신들은 자신들이 보고들은 바를 소상히 아뢰었다. 명나라 황제 역시 조선이 왜군에 떨어지면 압록강 너머

요동이 위험해지고, 결국 명의 심장부인 베이징도 위협받게 되리란 사실을 잘 알고 있었다.

"당장 군대를 이끌고 가 조선을 도우라!"

명나라는 그 동안 미루고 미루던 원병을 파병하기로 결정했다. 평양이 함락되고 선조가 의주까지 내몰려 원병을 요청했음에도 쉽사리 움직이려 하지 않던 명나라가 마침내 원병 파병을 결정한 것이다. 그리하여 6월 중순부터 7월 10일까지 사유, 조승훈 등이 이끄는 명군 3천여 명이 압록강을 건너왔다.

그러나 문제는 해결된 것이 하나도 없었다. 명나라 조정의 뜻은 조선을 도와 왜군을 정벌하는 것이었지만, 당시 명나라 관료들은 부패할 대로 부패한 데다 싸울 힘도 별로 없었다.

조승훈이 데려온 명나라 군사들도 별반 다르지 않았다. 기강이 엉망이어서 민가에 난입하여 약탈을 마구 자행하였다. 의주 백성들이 모두 산으로 피신하여 경내가 텅 비었다는 소문이 나돌 정도로 그들의 해악은 심했다.

7월 17일, 조승훈의 병군은 순안을 출발하여 평양성으로 향했다. 조선군 3천 명도 조승훈을 따랐다. 정탐하러 보낸 순안 군수 황원으로부터, 명군이 온다는 소문을 들어서인지 왜군이 평양성에서 철수한 것

같다는 연락이 도착했다. 그의 보고에 따르면 왜군의 선봉장인 고니시 유키나가가 이끄는 평양성의 왜군이 거의 보이지 않는다는 것이다.

　류성룡은 조승훈을 찾아가 일단 황원의 말이 사실인지 확인하기까지는 움직이지 말자고 하였다. 지금까지 왜군들은 적은 군사를 보내어 유인한 후 많은 군대로 공격한 예들이 있었기 때문이다. 왜군은 전쟁에 능했다. 그들은 일본에서 큰 싸움을 많이 경험한 자들이었다.

　"지금 대명 제국의 군대를 우습게 보는 것이오?"

　조승훈은 류성룡의 말을 듣지 않고 그대로 평양성으로 진격했다. 평양성의 문은 열려 있었고 왜군은 하나도 보이지 않았다. 명나라 군대가 평양성 깊숙이 들어갔을 때였다. 갑자기 성 위에서 큰 함성 소리가 터져나오더니 이내 어마어마한 수의 왜군들이 쏟아져나왔.

　조승훈은 깜짝 놀라서 명나라 군사들을 이끌고 성 밖으로 도망치고 말았다. 류성룡의 말을 듣지 않은 조승훈은 그만 대부분의 군사들을 잃고 의주로 돌아오고 말았다.

　"그대의 말을 듣지 않아 큰 낭패를 보고 말았소. 하지만 이는 오히려 조선에게 기회가 될 것이오."

　조승훈은 이 말을 남긴 채 명나라로 돌아갔다. 다른 대신들은 그가 도망간 줄 알고 아우성쳤지만 류성룡은 느긋하게 기다리기 시작했다.

제6화
끊임없는
견제

성공적으로 명나라의 원병을 이끌어낸 류성룡은 지금이라도 진관체제를 도입해야 한다고 주장했다.

진관체제는 제승방략체제의 반대되는 개념이었다. 중앙군이 없어 속절없이 무너져야 했던 조선에 중앙군을 두자는 것이다. 그리하여 평양까지 진출해 있는 왜군을 다시 몰아내야 한다고 주장했다.

다행히 왜군은 평양성을 점령한 이후에는 더 이상 진군을 하지 않았다. 아니, 하지 못하고 있었다. 한산도 대첩, 부산포 해전 등 이순신 장군의 해전 승리로 서해를 통해 평양에서 합류하려던 10만 지원군의 발이 묶이고 군량미도 떨어진 것이다.

　더구나 10월에 벌어진 진주성 전투에서는 진주 목사 김시민, 의병장 곽재우 등의 활약으로 패퇴하여 풍년을 맞은 호남의 곡식을 빼앗지 못하였다.

　이순신 장군은 류성룡의 천거로 전라좌수사에 임명되었다. 선조 임금의 류성룡에 대한 신임이 높아질 수밖에 없었다. 이렇게 나라를 구하는 데 여념이 없는 류성룡과는 달리 서인들은 류성룡을 안 좋은 시선으로 바라보았다.

　의주가 안정되고 명나라 원병이 도착했다는 소식을 듣자 서인들은 동인들에 비해 자신들의 공이 너무 없으므로 위기감을 느꼈다. 이일과 신립이 차례로 패하고 원균마저 제 역할을 못하였다. 당파 싸움은 왜군이 쳐들어와 이제 의주밖에 남지 않은 상황에서도 계속되고 있었던 것이다.

　특히 윤두수가 이 일에 가장 민감했다. 그는 어떻게 하면 류성룡을 몰아내고 서인들이 높은 자리를 차지할 수 있을까에만 온 정력을 집중하였다. 그러나 아무리 꼬투리를 잡으려 해도 류성룡에게서 어떤 허점도 발견할 수가 없었다.

그래서 생각해낸 것이 이산해였다. 이산해는 영의정으로서 동인의 대표격이었다. 더구나 이산해는 한양을 버리자고 한 사람들 중 한 명이었다.

　백성들은 한양을 버린 임금과 조정 대신들을 향해 원망과 비난을 퍼붓고 있었다. 이런 원망은 중앙군이 없는 조선이 부족한 군사를 늘리지 못하는 이유 중 하나였다. 자원하는 백성들이 없었던 것이다. 그러나 함부로 이를 입에 올리지는 못했다. 왜냐하면 자신들도 한양을 버리자고 한 사람들 중 한 명이었고, 지금까지 아무런 공도 없었기 때문이다.

　윤두수는 기다리기보다는 행동에 들어갔다.

　"전하, 긴히 여쭐 말씀이 있사옵니다."

　"무엇이오?"

　신조는 윤두수의 알현을 받고 의문스러운 얼굴로 물었다. 임금 가까이 다가간 윤두수는 조용히 이렇게 말했다.

　"지금 백성들 사이에서는 동인들이 나라를 지키고 있으니 그들로 하여금 새로운 왕조를 세우게 해야 한다고 주장하는 이들이 있사옵니다."

선조는 처음에는 그 말을 듣고 몹시 놀란 표정을 지었으나 이내 웃음을 띠고 말했다.

"지금 그게 무슨 말이오. 그들이 없었다면 이 나라가 어찌 되었겠소?"

"그러기에 드리는 말씀입니다. 백성들은 그들만 있으면 왜군을 물리치고 다시 나라를 되찾을 수 있으니 지금의 전하와 저희들은 필요 없다고 생각하는 것입니다."

선조의 얼굴이 어두워졌다.

"그 증거가 여기 있사옵니다."

윤두수는 미리 준비한 대로 행동했다. 백성 수십 명을 잡아두었던 것이다.

"증인들을 데려와라!"

이어 윤두수를 따르는 자들이 백성들을 데리고 왔다. 그들은 얻어맞아서 온몸이 말이 아니었다.

"너희들이 임금을 모욕하고 역모를 꾀한 자들이더냐?"

그러자 끌려온 백성들은 악에 차서 윤두수를 노려보았다.

"너희들이야말로 백성들을 위해 무엇을 했다고 생각하느냐?"

그 중 한 명이 억울한 표정을 지으며 소리쳤다. 그러자 윤두수는 그들의 말을 듣기는커녕 임금이 있는 사랑채의 방문을 닫아걸었다.

사실 항의한 백성의 입에서 임금을 원망하는 말은 하나도 안 나왔음에도 윤두수는 그럴싸하게 분위기를 띄웠던 것이다. 임금은 임금대로 얼굴이 시뻘겋게 변해 있었다.

"정녕 저런 자들이 도처에 넘쳐나고 있단 말이오?"

윤두수는 굉장히 걱정스럽다는 표정을 지으며 말을 이었다.

"네, 전하. 그러하옵니다. 어서 동인들에 대해 조치를 취해야 하옵니다. 조만간 무슨 불상사가 일어날지 알 수 없사옵니다."

윤두수의 말은 불안한 임금의 마음 속을 파고들었다. 그러나 선조는 선뜻 결정을 내리지 못했다. 왜냐하면 그들의 말대로 설령 백성들 사이에 임금과 서인들을 쫓아내려는 움직임이 있다고 할지라도 지금 동인들이 없다면 나라 일을 돌볼 사람이 없었기 때문이다. 그 중심에는 류성룡이 있었고, 류성룡을 빼면 과연 왜군을 물리칠 수 있을지 걱정이었다.

"좋소! 그럼 이렇게 하겠소."

선조는 기침을 한 번 하고는 윤두수에게 이렇게 말했다.

"영의정 이산해는 내가 한양을 버릴 때 찬성했던 자요. 또 별다른 공을 세운 바 없으니 그를 영의정 자리에서 내쫓겠소."

그 말을 들은 윤두수는 자신의 뜻대로 되자 좋아서 저절로 입가에 미소를 띄웠다.

"그리고 서인들을 대표하는 최흥원을 영의정, 그대 윤두수를 좌의정, 유홍을 우의정에 임명하겠소. 그러나 류성룡은 세운 공이 크고 내가 한양을 떠날 때 반대하였으므로 그를 평안도 도체찰사에 임명하겠소."

"네?"

물론 윤두수의 계획대로 높은 자리는 서인들이 모두 차지하게 되었다. 하지만 지금은 전쟁중이었다. 3정승보다 오히려 실제로 명령을 내릴 수 있는 권한이 더 컸다.

윤두수는 울상을 짓고 말았다.

'류성룡, 반드시 제거하고 말겠다!'

혹을 떼려다 오히려 혹을 붙인 기분이 되고 만 윤두수는 울분을 삼키며 물러나고 말았다.

제7화
평양성을 되찾다

12월에 평안도 도체찰사가 된 류성룡은 도망갔다가 돌아온 이일을 벌하지 않고 다시 기용했다. 이일이 비록 도망치긴 했으나 왜군에 대해 많은 경험을 쌓았기 때문이다. 류성룡은 죄가 크다고 무조건 필요한 사람마저 내치는 사람이 아니었다.

이 때 뜻밖의 일이 발생했다. 바로 매번 조선 국경을 침략하여 괴롭히던 여진족들이 전갈을 보내온 것이다. 그들은 조선을 도와 왜군을 물리치겠다고 했다. 호전적이고 날쌔고 용맹한 여진족이라면 큰 도움이 될 것이었다.

류성룡은 우선 선조 임금에게 아뢰었다.

"전하, 여진족이 우릴 돕겠다고 하옵니다."

선조는 얼굴이 밝아졌다.

"그럼 좋은 일이 아닌가?"

"하지만 여진족은 대대로 우리를 괴롭혀온 자들이옵니다. 최근까지도 그들은 우리 백성들의 곡식을 약탈하고 인명을 해치지 않았사옵니까?"

선조와 류성룡은 고민할 수밖에 없었다. 의주밖에 남지 않은 상황에서 제안을 거절하면 강한 여진족의 도움을 받을 수 없었다. 그렇다고 무턱대고 받아들였다가 만약 그들이 왜군을 물리치고 그 자리를 대신 차지하려고 하면 막을 방법이 없었다.

"전하, 아무리 생각해도 안 되겠사옵니다. 그들은 너무 위험한 자들이옵니다."

류성룡의 말에 선조는 말이 없었다. 류성룡은 선조의 마음을 알 수 있었다. 선조의 마음 또한 류성룡과 같다는 뜻이었다. 다만 상황이 너무 위급하여 말을 하지 않은 것이고, 어쩌다가 북방 오랑캐쯤으로 여기던 여진족의 제안을 놓고 고민하는 처지가 되었는지 심히 괴로울 뿐이었다. 류성룡은 물러나와 곧장 여진족의 사신에게 돌아가라고 일렀다.

　대신 류성룡은 좋은 생각을 떠올렸다. 그것은 바로 사냥꾼들을 이용하는 것이었다. 사냥꾼들은 주변 지리에 훤했다. 또 북쪽 지방은 곡식이 잘 자라지 않아서 의외로 많은 수가 사냥에 종사하고 있었다. 이들을 군사로 활용하면 왜군에게 기습 공격을 가할 수 있었다.

　이 작전은 매우 효과가 컸다. 그들은 곳곳에 나타나 기습 공격을 하여 의주를 정탐하려고 보낸 왜군의 척후병들을 해치웠고, 평양성 점령 이후 진격을 늦추는 데도 큰 역할을 하였다.

　한편 류성룡은 조선군 내부의 기강을 다지는 데 주력하면서 의심스러운 부분을 해결하고자 하였다. 바로 왜군들이 어떻게 조선군과 명나라 군대의 사정을 이렇게 잘 알게 되었는지 의심하기 시작한 것이다.

　도체찰사부에 왜군의 첩자가 있음을 직감하고 수상한 자들을 물색

하기 시작했다. 드디어 누군가가 왜군과 접선하고 있는 장면을 포착하여 체포하였다. 놀랍게도 도체찰사부에서 데리고 있던 김순량이란 자였다. 그는 비밀 공문을 소 한 마리와 바꾸었던 것이다.

"네 이놈! 네가 어느 나라 사람인지 잊었단 말이냐?"

김순량을 문책하고 보니 무려 40명이나 되는 자들이 왜군에게 비밀을 제공하고 있었다. 류성룡은 한탄하며 그들을 모두 처단했다. 이 일의 효과는 기대 이상이었다. 조선의 사정을 손바닥 보듯이 들여다보던 왜군은 앞을 못 보는 까막눈이 되고 말았다.

이어 류성룡이 느긋하게 기다리던 일이 현실로 나타났다. 1593년 1월 2일, 송응창, 이여송 등이 이끄는 명군이 안주에 도착한 것이다.

조승훈의 패전 소식에 명나라 조정은 경악했다. 왜군이 생각보다 훨씬 강하다는 사실을 안 명나라는 다시 이여송을 대장군으로 삼아 4만이 넘는 대군을 파병하였다. 이는 평양성의 왜군 2만 명의 두 배가 넘는 숫자였다.

뿐만 아니라 조선도 김응서, 이일 등의 장수와 1만 명의 관군 및 승병을 평양성 탈환전에 참전시켰다. 왜군에게 조총이 있었지만 명군이 많은 화포를 가져왔으므로 조총을 무서워할 필요가 없었다.

류성룡이 이여송을 찾아가 평양 지도를 내보이며 형세와 군대의 진격로를 가리키니 이여송이 크게 기뻐하였다. 이여송은 류성룡이 문관임에도 무관보다 더 용맹하고 뛰어난 계책을 많이 가지고 있음에 놀라지 않을 수 없었다.

이여송은 조·명 연합군을 이끌고 평양성을 향해 진격했다. 조선의 사정을 더 이상 알 수 없었던 왜군은 5만이 넘는 조·명 연합군을 맞아 쩔쩔맬 수밖에 없었다. 화포가 곳곳에서 터지고 불화살이 날아드니 조총만 쏘아대던 왜군은 결국 평양성을 버릴 수밖에 없었다.

평양성에서 패주한 고니시 유키나가군은 1월 18일 한양에 도착하였고, 한양의 우키다 히데이에 등 왜군 지휘부는 한양 이북에 주둔중인 전 일본군에 전면 철수를 명령하였다.

1월 9일, 조선은 평양성을 되찾았고, 선조 임금은 1월 18일 의주를 출발하여 3월 23일 평양에 도착하였다.

이일은 류성룡을 보자마자 큰절을 올리며 자신이 그 동안 너무 안이하고 비겁했다며 눈물을 흘렸다. 류성룡은 이일을 일으켜세우며 말했다.

"우리의 승리는 이제 시작일 뿐이오."

제8화
피를 말리는 강화 회담

 류성룡은 단번에 전쟁을 끝낼 수 있는 계획을 세웠다. 그것은 패주하는 왜군들을 단번에 박살낼 수 있는 기회였다.

 패잔병들은 추위와 굶주림으로 고통 속에 계속 도망중이었고, 부상병들이 많아 제대로 걷지 못한다는 정보를 입수하고 세운 계획이었다. 이는 모두 김순량 같은 첩자들을 소탕하고 사냥꾼과 의병들을 활용해 왜군의 움직임을 완전히 파악하고 있었기에 가능한 작전이었다.

 그리하여 황해도 방어사 이시언과 김경로에게 비밀 격문을 띄웠다. 하지만 아쉽게도 이 작전은 쓸 수 없었다.

이시언은 계획대로 곧바로 출병하였으나 김경로는 말을 듣지 않았다. 김경로는 류성룡과 반대파인 서인이었고, 그는 이미 왜군에 대해 겁을 먹은 상태였던 것이다. 때문에 왜군을 소탕하고 전쟁을 빨리 마무리할 수 있는 절호의 기회를 놓치고 말았다.

다른 이들 같았으면 서인들 때문에 나라를 구할 수 있는 기회를 놓치고 말았다고 임금에게 고해 바쳤겠지만 류성룡은 그냥 잊기로 했다. 나라가 위기에 처해 있는데 서로 갈등만 하게 되면 결국 왜군 좋은 일만 시키는 셈이 되기 때문이었다. 더군다나 개성을 탈환하고 한양을 향해 진격하던 이여송의 명군이 1월 27일, 벽제관 전투에서 대패하자 개성으로 퇴각하고 말았다. 류성룡은 계속하여 남하할 것을 주장하였으나 이여송은 허락하지 않았다.

이 무렵 왜군은 총퇴각을 감행하여 한양 부근으로 집결할 때였으므로 그 병력이 대단하였고, 벽제관 전투 승리로 사기 또한 충천해 있었다. 그리하여 함경도에서 철수하는 가토 기요마사의 군대와 연합하여 행주산성을 공격하였다. 행주산성은 벽제관 전투에서 명군이 패퇴하자 고립되어 있었다.

행주산성이 무너지면 호서와 호남(지금의 충청도와 전라도) 지역이 무방비 상태로 노출될 수밖에 없었다. 선조 임금은 류성룡을 삼도 도체찰사에 임명하여 호남과 호서, 영남 지방을 모두 관할할 수 있게 했다.

류성룡은 삼도 도체찰사가 된 이후 긴 밤을 잠도 이루지 못한 채 편지를 써내려갔다. 바로 권율에게 보내는 편지였다. 당시 권율은 명나라 군사와 합세하여 한양을 수복하기 위해 군사를 이끌고 수원성에 머물고 있었다.

"죽을 각오로 왜군들을 막으시오! 그러자면 최대한 병사들을 모아야 할 것이오."

1593년 2월, 권율 장군은 류성룡의 지시대로 행주로 향했다. 류성룡이 미리 권율을 보내지 않았던들 새로운 행주산성도 없었고, 왜군을 맞아 싸울 병사들도 없었을 것이다.

왜군의 3만 대군은 3일 밤낮으로 행주산성을 들이쳤다. 화살이 전부 떨어져 아녀자들과 아이들까지 돌을 날라가며 왜군을 막고 있었다. 이때 류성룡이 경기 수사 이빈을 시켜 화살 수만 개를 보내 줬다. 조선군은 그제야 힘을 되찾아 왜군을 맞아 제대로 된 싸움을 벌이기 시작했다. 덕분에 왜군은 크게 놀라 물러났고, 이후 한양 철수를 서두르기 시작했다.

임진강을 끼고 조·명 연합군과 왜군이 대치하고 있을 때 일본의 강화 회담 제의로 이덕형과 일본의 야나가와 초신, 겐소 사이에 교섭이 시작되었다. 이후 조선의 강화 반대에도 불구하고 명의 적극적인 개입으로 회담은 진척되어 심유경 등이 일본에 파견되었다.

강화 회담이 계속되는 동안 전쟁은 소강 상태에 들어갔고 왜군은 일본으로 철수하기 시작했다. 그러나 회담은 1596년 9월, 최종 결렬되었고 왜군은 1597년 1월 재침략(정유재란)하게 된다. 당시 일본이 명나라에 제시한 강화 조건은 아래와 같이 터무니없는 것이었다.

첫째, 명나라의 황녀를 일본의 후비로 보낸다.
둘째, 일본과의 무역을 재개한다.
셋째, 두 나라 대사가 서로 서약서를 쓴다.
넷째, 조선의 한강 이남 4도(충청도, 전라도, 경상도, 경기도 일부)를 일본에 할양한다.
다섯째, 조선의 왕자 및 대신 12명을 인질로 보낸다.
여섯째, 이미 포로가 된 조선의 두 왕자는 돌려보낸다.
일곱째, 조선의 대신이 약속을 위반하지 않는다는 서약서를 쓴다.

제9화
진주대첩

1593년 2월에 거둔 행주대첩 승리에는 특별한 의미가 있었다. 수군을 제외하고 육지에서 벌어진 대규모 전투에서 조선군 단독으로 승리한 경우는 이번이 처음이었다. 특히 군사들뿐만 아니라 아녀자에서 아이들까지 참여한 정말 극적인 승리였다.

이 소문은 삽시간에 전국으로 퍼져나가 그 동안 움추려 있던 조선 백성들에게 뭉치면 산다는 희망을 주었고 명나라의 도움이 없어도 왜군을 무찌를 수 있다는 용기까지 주었다. 나라를 위해 싸우겠다는 백성들이 줄을 이었고, 의병들의 수가 관군의 수를 넘는 곳도 생겨났다.

바로 진주성 부근이 그러했다. 진주성은 1592년 10월에 이미 왜군이 쳐들어갔으나 패한 곳이었다. 진주는 경상도에서 곡식이 풍성하기로 소문난 호남으로 통하는 주요 길목에 위치해 있었다. 진주성에는 진주 목사 김시민 외에도 곽재우 등 의병들이 대거 몰려 있었다. 다른 지역보다 이 곳 의병들은 왜군에 맞서싸워 이길 수 있다는 자신감이 강했다.

류성룡은 이 점을 주목했다. 군사가 턱없이 부족한 현실에서 의병이야말로 이 국난을 극복하는 데 없어서는 안 되는 존재였다.

류성룡은 전국에 의병 모집 격문을 붙이기 시작했다. 그리고 의병들에게 상을 주는 것도 잊지 않겠다고 써놓았다. 또 깊은 산 속에 숨어 있을 백성들을 직접 찾아다니기까지 했다. 그러다 그만 몸져눕고 말았다. 임금은 물론이고 명나라 사신들조차 영접을 못하는 사태가 벌어지고 말았다.

"내가 직접 움직이질 못하니, 다른 대신들이 나서 주기 바랍니다."

하지만 류성룡의 역할을 대신할 자가 없었다. 더구나 서인들이 동인의 대표격인 류성룡의 말을 들을 리 만무했다. 심지어 류성룡이 꾀병을 앓고 있다고 말하는 자들도 있었다.

서인인 이인수라는 자는 류성룡이 자신들에게 일을 전가하기 위해 없는 병을 만들어냈다는 소문을 퍼트렸다. 류성룡으로서는 억울한 일이 아닐 수 없었다. 그렇다고 움직일 수도 없는 몸을 일으켜 그들을 찾아갈 수도 없는 노릇이었다.

"내 병이 발목을 잡는구나."

류성룡은 한탄하지 않을 수 없었다. 그 동안 동인과 서인간의 당파 싸움을 없애려고 숱하게 고생한 노력이 한꺼번에 무너져내리는 듯한 느낌을 받은 그는 움직일 수 없는 몸임에도 불구하고 바퀴 달린 가마를 타고 애써 움직였다. 그는 한양 주변은 물론이고 강원도 지방까지 가마가 갈 수 있는 모든 곳을 찾아다녔다. 한편으로는 훈련도감을 만들어 군사를 조련하고 중앙군까지 육성하기 시작했다.

그의 이러한 노력은 선조 임금의 귀에까지 들어갔다.

"참으로 갸륵한 일이 아닐 수 없다."

"하오나 전하, 류성룡이 직접 군대를 육성해 왜군을 물리치려는 것은 가상하나 왜군이 모두 물러난 다음에는 어찌하시렵니까?"

윤두수는 류성룡의 업적을 평가하는 척하면서도 은근슬쩍 선조 임금으로 하여금 걱정하게 만들었다. 선조 또한 이 말을 듣자 안심할 수만은 없었다.

류성룡은

이런 사실도 모른 채 이번에는 이여송과 함께 조선에 들어온 송응창에게 편지를 보냈다.

'왜군이 다시 힘을 기르기 전에 물리쳐야 할 텐데, 명나라가 강화를 한다고 싸움을 안 하니 답답하옵니다.'

이에 송응창은 다음과 같이 답장을 보내왔다.

'강화 회담을 하는 동안 조선도 힘을 키우고 있지 않소? 강화는 싸움을 멈추게 하고 우리 쪽을 이롭게 하니 더 이상 위중한 몸을 이끌고 나를 찾는 헛수고는 하지 마시오.'

당시 왜군과의 전면전을 통하여 전쟁을 속히 종결하기를 원하던 조선은 협상에서 사실상 배제되었고 조·명 연합군의 추격도 멈추었다.

1593년 4월, 한양에서 총퇴각을 시작한 왜군은 이 때를 이용해 군대를 다시 모으기 시작했다. 그들에게는 군량만 없을 뿐이지 아직 무기와 군사가 많았다. 군량만 있으면 해볼 만한 싸움이었던 것이다.

그들이 노린 곳은 이미 패했던 진주성이었다. 호남으로 통하는 관문을 획보하고 1차 진주대첩의 보복을 위하여 집요하게 진주성 공략을 준비하였다.

그들은 강화 회담을 하는 척하면서 몰래 10만 대군을 모았다. 1차 때는 3만 명의 병력으로 쳐들어갔으나 진주 목사 김시민이 이끄는 5천의 정예 병사와 1만여 명의 의병들에게 무참히 패한 적이 있었던 터라 이번에는 아주 작정을 하고 군대를 모은 것이다. 류성룡은 당장 명나라 군대를 보내서 힘을 보태 달라고 외쳤으나 송응창은 응하지 않았다.

왜군은 6월 22일 총공격을 감행하였다. 진주 목사 서예원, 의병장 김천일 등이 결사 항전으로 버텼으나 6월 29일 결국 전멸하고 말았다. 이후 왜군은 전라도로의 진격을 포기하고 철수하여 부산 일대 해안선에 왜성을 쌓고 장기전 태세에 돌입하였다.

제10화
명군은 참빗, 왜군은 얼레빗

　송응창은 진주성 함락 소식을 듣자 얼굴이 시뻘겋게 달아올랐다. 송응창의 입장에서는 조선이 더 이상 명나라를 필요로 하지 않으면 곤란했다. 명나라에서는 일개 장수에 지나지 않았지만 조선에서는 임금보다 더 위세가 있는 사람이었다.

　그런 의미에서 사실 그는 명나라와 조선 모두를 속이고 있는 사람이기도 했다. 그 동안 피폐한 조선 조정으로부터 많은 공물을 받아 큰 이윤을 남겨왔기 때문이다. 조선이 말을 듣지 않으면 강화 회담에서 왜국에게 좋은 조건을 내걸겠다고 반협박을 해서 재미를 보고 있었던 것이다.

그런 그로서는 그 달콤함을 쉽게 포기할 수 없었다. 그는 어쩔 수 없이 류성룡과의 면담을 허락하고 말았다. 류성룡을 만난 그는 껄끄러운 태도를 보이며 넌지시 말을 건넸다.

"그대가 요구하는 바가 무엇이오?"

"강화 회담을 무조건 철회해 주셨으면 합니다."

송응창으로서는 받아들이기 어려운 부탁이었다. 강화 회담을 빌미로 조선 조정을 협박해서 뜯어내던 이익을 포기하라는 것이었다.

류성룡은 그런 송응창을 뚫어지게 바라보았다. 난처해하는 송응창의 얼굴에서 뭔가 꿍꿍이가 있음을 간파한 것이다.

"그건 곤란하오. 명나라는 조선을 위해 수많은 희생을 치렀소. 더 이상 이런 희생을 없애고 좋은 조건으로 조선을 되찾아 주기 위해 노력하는 와중인데 강화 회담을 철회하라니오?"

"하오나 조선이 명나라를 위해 왜국의 요청을 거절하여 당한 희생은 왜 생각하지 않는 것입니까?"

송응창은 할 말이 없었다. 류성룡의 말대로 조선이 왜국의 요청을 받아들였다면 명나라는 위기에 빠졌을지도 모를 일이었기 때문이다. 하지만 이쯤에서 순순히 물러날 그가 아니었다.

"흥! 그건 모르는 일이지. 왜국이 처음부터 조선을 치려고 했지만, 조선과의 싸움을 피하고 무혈입성하기 위해 꾸며낸 일인지도 모르지 않소!"

류성룡도 호락호락 물러서지 않았다.

"그래서 지금 조선의 땅을 왜국에 떼어 주겠다는 말입니까? 그렇다면 훗날 왜국이 지금 떼어 주는 조선 땅을 이용해 다시 명나라를 치러 올라가자고 할 때 조선이 응하면 어쩌겠습니까?"

"지금 대명 제국을 협박하는 것이오?"

"어찌 명나라를 협박할 수 있겠습니까? 다만 명나라와 조선이 왜군을 몰아내고 앞으로도 평화로운 관계를 유지하기 위해 강화 회담을 철회해 달라는 것입니다."

이 날 류성룡과 송응창은 서로 언성만 높이다가 헤어지고 말았다.

류성룡은 송응창이 아무래도 수상했다. 명나라를 치기 위해 온 왜군이 조선 땅을 얻으면 그 땅을 이용해 언젠가는 반드시 명나라를 칠지도 모르는 일이었다. 그런데도 정말 조선의 땅을 떼어서 왜국에게 줄까 하는 의문이 들었던 것이다. 그는 송응창의 행적을 추적하도록 하는 한편 명나라에 직접 사신을 보내기로 했다.

하지만 이게 어찌된 일인가?

"죄송합니다, 나리."

"왜 그냥 돌아온 것이냐?"

류성룡은 토끼처럼 놀란 눈을 뜨고 명나라로 보냈던 사신을 바라보았다. 사신은 명나라 근처에 가 보지도 못하고 그만 돌아온 것이다.

"송응창 나리께서 명나라 군사들을 미리 국경에 모아놓았다가 제가 지나가려 하자 막아섰습니다."

송응창은 자신의 비밀이 탄로나는 게 두려운 나머지 명나라로 향하는 모든 행렬을 검문했던 것이다. 이에 류성룡의 송응창에 대한 의심은 더욱 커져만 갔다.

지금은 전쟁 시기였다. 단 한 명이라도 전쟁에 동원해도 모자랄 판국에 송응창은 군대를 명나라 국경에 배치하고 일반 백성은 통과시키면서 사신은 통과시키지 않았다. 이는 언뜻 이해하기 어려운 처사였다.

결국 송응창의 거짓말도 오래갈 수 없었다. 명나라에서 사헌이란 신하를 몰래 파견하여 조선을 살펴보도록 한 것이다.

류성룡은 명나라에 원병을 요청할 때 이미 명나라 조정 대신들과 편지로 마음을 나눈 적이 있었다. 물론 얼굴을 보지는 못했지만 류성룡의 인품과 식견을 잘 아는 그들은 류성룡을 마치 오랜 친구처럼 여겼

고, 사헌이 파견된다
는 사실을 비밀 편지
를 통해 류성룡에게
알려 주었다.

　류성룡은 사헌이 이미 조선에 들어와 이곳
저곳을 살피고 있다는 이야기를 듣고 그를 발
벗고 찾아나섰다. 몸은 아프고 날은 매서웠지만
이에 굴하지 않고 손수 찾아다닌 끝에 결국 사헌
을 만나게 되었다. 이 때 송응창은 류성룡이 사헌을 만나고 있는 사실
을 추호도 몰랐다.

　"대감, 그 동안 얼마나 찾아다녔는지 모릅니다."
　류성룡은 눈물을 글썽이며 사헌을 맞이했다. 사헌은 처음에는 류성
룡을 보고 자신의 신분을 감추려고 했으나 류성룡의 눈물 앞에서 더
이상 숨길 수가 없었다.

　그 날 류성룡과 사헌은 밤늦게까지 이야기를 나누었다. 그리고 놀라
운 사실을 알게 되었다. 단지 류성룡만 놀란 게 아니라 사헌도 놀라고
말았다.

　"그게 사실이오?"

그 때까지도 명나라 조정의 방침은 변함없이 왜군을 남김없이 소탕하는 것이었다. 하지만 이여송은 벽제관에서의 패전 이후 더 이상 싸울 의지를 보이지 않았다.

더구나 명나라 군사들은 싸우라는 왜군과는 싸우지 않고 강도, 강간, 방화, 폭행 등을 일삼아 조선 백성들 사이에서는 '어찌하여 왜군이 오지 않아 이런 고통을 겪게 하는가!'라는 한탄이 나올 정도였다. 명군은 참빗, 일본군은 얼레빗이라는 말이 괜히 나온 게 아니었다.

"새로운 대장군을 파견하도록 하겠소."

사헌은 류성룡에게 확답을 주고 서둘러 조선을 떠났다. 이후 얼마 안 있어 송응창과 이여송은 모두 파직되어 돌아갔다.

제11화
노비 충군론

류성룡은 조·명 연합군이 왜군과 사실상 휴전 상태에 들어가는 것을 보고 답답한 마음을 감출 수 없었다. 류성룡은 더 이상 명나라만 믿어서는 안 되겠다는 결정을 내리고 중앙 군사를 늘리려고 했다.

그러나 이 계획에는 한계가 있었다. 가장 큰 이유는 양반과 천민은 군역이 면제되었기 때문이다. 특히 양반들은 군역에서 제외되는 것을 너무나 당연시했을 뿐만 아니라 자신들이 소유한 노비들조차 군사로 뽑히는 것에 결사 반대하였다. 때문에 평민들만으로는 한계가 있었고, 또 평민들은 평민들대로 불만이 클 수밖에 없었다.

하루는 평민들 대표가 류성룡을 찾아왔다. 류성룡은 이미 이들이 찾아온 이유를 잘 알고 있었지만 직접 들어 보기로 했다.

"무슨 일로 찾아왔는가?"

"사지 멀쩡한 양반님들은 군역에서 면제되고, 게다가 노비들은 노비들대로 자신들의 소유라며 군대에 보내지 않으니 이런 불평등한 일이 어디 있습니까?"

류성룡은 고개를 끄덕였다. 자신도 같은 생각을 하고 있었던 것이다.

"생각한 바가 있으니 그대들은 이제 차별이 없어질 것이고 이런 사실을 주변에 널리 알려 주게."

평민들은 그제야 표정을 누그러뜨리고 물러갔다. 류성룡은 평민들이 물러가자 곧바로 상소문을 써내려갔다. 양반과 평민은 물론이고 천민들까지 함께 묶어서 중앙 군대를 만들자는 내용이었다.

그러나 양반들이 이 제안을 받아들일 리 만무했다. 그들은 입만 열면 나라를 걱정하는 말은 하지만 실상은 자기 몸 보전하기에 더 바빴다. 특히 자신들이 평민, 천민들과 함께 군대에 포함된다는 것 자체보다도 전쟁을 해야 하는 군사로 선발되는 것에 더욱 반발했다. 천민들도 자신들의 소유이므로 재산을 잃는 것으로 생각했다.

류성룡의

제안이 알려지자 그들은 곳곳에서 무리를 이루어 한양으로 몰려와서 류성룡을 성토하기 시작했다.

"류성룡은 전하가 왜적에게 잡히든 말든 신경도 안 쓰던 역적이옵니다."

"맞습니다. 평양으로의 파천을 반대했던 인물이 아니옵니까?"

"저희들은 대대로 부모님의 은혜를 받은 몸이온데 어찌 전쟁터에 나가 함부로 굴릴 수 있겠사옵니까?"

류성룡은 그 소리를 듣고 쓴웃음을 지었다. 불효자식이 될 수 없어 나라를 저버리겠다는 저들의 주장을 듣고 실소하지 않을 수 없었다. 선조 임금은 우왕좌왕하다가 이윽고 류성룡을 불러들였다.

"경의 상소를 받아 아직 대신들과 의논조차 하지 않았는데 양반 사대부들이 저토록 난리법석을 치니 이 일을 어찌하면 좋겠소?"

"저들이 정말 그토록 몸을 소중히 여기고 불효자식으로 살 수 없다며 반대한다면 저들의 뜻을 들어 주되 노비들은 내놓게 하시옵소서."

선조는 류성룡의 말을 듣고 고개를 끄덕였다. 류성룡은 그들의 약점을 정확하게 찌른 것이다. 처음부터 노비들을 내놓으라고 하면 별의별 항의가 다 들어올 것이었다.

그러므로 애초에 기대조차 할 수 없는, 양반을 군사로 활용하는 방안을 내놓고 이에 항의하면 불효자식은 되지 않도록 조정에서 양보할 터이니 대신 나라를 위해 자신의 재산으로 여기는 부분은 양보해야 할 것이라고 못을 박은 것이다.

사실 류성룡은 매우 화가 나 있는 상태였다. 솔선하여 나라를 위해 목숨을 버려야 할 자들이 자신의 안위만을 생각한다는 것은 있을 수 없었다. 하지만 류성룡의 장점은 감정대로 일을 처리하지 않는다는 것이었다.

양반들은 끝까지 반대하였으나 류성룡은 노비들을 군사로 활용할 수 있는 길을 열었다. 덕분에 평민들의 불만도 한층 누그러졌다. 자신들보다 미천한 노비들이 전쟁터에 나가니 이제 불만이 없어진 것이다. 그렇다고 노비들이 이용만 당하는 것은 아니었다.

"왜군 1명을 베면 노비에서 양민으로 바꿔 줄 터이고, 4명을 베면 벼슬을 줄 것이다."

류성룡은 노비들에게도 혜택을 주었다. 그러자 노비들은 앞다투어 눈에 불을 켜고 왜군을 찾아다니기 시작했다. 노비로서 이루 말할 수 없는 차별을 받던 그들에게 왜군은 그 동안의 설움을 단번에 날려 버리게 해 줄 명약이나 다름없었다.

덕분에 왜군들이 정찰을 나왔다가 노비로 이루어진 우리 군사들에게 당하는 일이 많아졌고, 용맹한 이들의 모습을 보고 왜군들의 사기는 바닥으로 떨어져갔다.

이러한 군사 정책 덕분에 병사의 수도 늘었고, 훈련도 강화할 수 있었다. 왜군들이 강화를 명분으로 자신의 군대를 정비하는 동안 조선은 몇 배로 더 강한 군사들을 만들어가고 있었던 것이다.

제12화
대동법을 실시하다

　류성룡은 백성들의 삶을 돌보지 않을 수 없었다. 전쟁으로 피폐해졌다고는 해도 군대를 유지하고 국정을 운영하기 위해서는 백성들로부터 세금을 걷을 수밖에 없었다.

　하지만 백성들은 계속되는 대기근과 탐관오리들의 착취, 왜군들의 끊임없는 약탈에 지쳐갔다. 그러나 그 중에서도 백성들을 가장 힘들게 한 것은 바로 세금 제도였다.

　하루는 류성룡이 직접 세금을 징수하는 자들을 따라나섰다. 그런데 너무나 놀라운 장면을 목격하고 말았다. 마을 전체가 텅 비어 있었던 것이다. 일부러 왜군의 침입이 없었고, 그래서 피난도 가지 않은 지역을 찾아갔다. 세금을 걷으려면 고통이 덜한 자들에게 걷는 게 덜 미안했기 때문이다.

"도대체 어찌된 일인가? 왜 아무도 없는 게야?"

징수관은 겨우 입을 떼었다.

"세금을 공납으로 하다 보니 이 지경이 되고 말았습니다."

공납이란 그 고장에서 나는 특산물을 때와 수량, 종류에 상관없이 임금에게 진상하는 것을 말한다. 그러나 처음에만 그랬을 뿐, 시간이 지나다 보니 아예 세금 중 하나로 굳어져서 없는 특산물은 다른 고장에 가서 사서 바쳐야 했다.

탐관오리들이 임금에게 잘 보이려고, 사리사욕을 채우기 위해서, 또 땅을 많이 가진 자들은 땅을 기준으로 내는 쌀 세금인 대동법 시행에 반대하며 교묘하게 공납을 주장했다. 그래서 모든 세금이 공납으로 굳어진 것이다.

이들은 공납을 반대하는 자들을 탄압하기 위해 공납을 내지 않거나 못 내면 친족이나 그 이웃에게 책임을 물었다. 친족에게 묻는 것을 족징, 이웃에게 묻는 것을 인징이라고 불렀다. 이렇게 족징, 인징이 판을 치고 공납의 종류가 차차 늘어나니 나중에는 수천 가지나 되었다.

공납은 대부분 힘없는 백성들의 몫이었다. 이들은 서로 싸우기도 하고 얼굴을 붉히는 일이 많아졌다. 거기에 왜란까지 일어나자 다른 고을로 사러 가지도 못하고 그럴 돈도 없었다. 그러자 서로 이야기해서 아예 마을을 빠져나가기로 한 것이다.

"이렇게 어이없는 일이!"

류성룡은 이런 일을 예견하여 일찍이 공납 대신 쌀로 통일해서 걷자고 주장했던 조광조와 율곡 이이 선생을 떠올렸다. 각기 작미법, 대공수미법이라고 불렸으나 이는 모두 쌀로 걷자는 대동법과 같은 말이었다.

하지만 조광조는 중종 때 기묘사화에 휘말려 사형을 당했고, 율곡 이이 선생의 주장도 공납 제도로 이득을 취하고 있던 권세가와 방납업자들의 방해로 무산되고 말았다.

'이 일을 어찌하면 좋단 말인가?'

전쟁의 와중에 굶어죽는 백성들이 파다했다. 뿐만 아니라 공납으로 인해 백성들은 더욱 굶주리고 희망 없는 삶을 살아야 했다. 이러다간 조선 전체가 공납으로 망할 지경이었다.

'목을 내놓고서라도 할 일은 해야 한다.'

결심을 굳힌 류성룡은 곧 선조 임금을 찾아갔다. 마침 선조는 다른 대신들과 국정을 논하고 있었다.

"전하, 소신 류성룡 감히 아뢰옵니다. 이제 공납제를 폐지하고 대동법을 시행할 때가 되었사옵니다."

선조는 갑자기 그게 무슨 소리냐는 듯 눈만 동그랗게 떴다. 옆에 있던 대신들은 웅성거리기 시작했다. 그 중 윤두수가 나섰다.

"이 보시오, 류성룡 대감! 감히 어느 안전이라고 망발이오?"

임금을 위하는 척하면서 그는 큰 소리를 빽 질렀다.

"좌상 대감께서는 백성들이 죽어가는 소리가 안 들리시오."

류성룡은 조용히 윤두수에게 말했다. 윤두수도 백성들의 사정을 잘 알고 있었기에 이를 부득부득 갈면서 더 이상 말을 꺼내지는 못하고 류성룡을 노려만 보았다. 자신들이 세금을 내는 대신 땅이 없는 소작농에게 땅을 빌려 주고 대신 공납을 내게 했던 것이다.

그러나 쌀로 내게 되면 땅을 가진 자신들이 내게 된다. 쌀은 땅에서

나기 때문이다. 윤두수를 비롯하여 조정 대신들은 많은 땅을 가지고 있었기 때문에 대동법이 통과되면 세금을 그만큼 많이 내야 하는 것이다.

그들은 평소에는 나라를 걱정하는 척 별의별 소리를 다했지만 정작 자신들이 나라를 위해 희생해야 할 때는 반대를 일삼았다. 류성룡은 그들을 보며 저 자들이 과연 조선의 신하들이 맞나 하는 생각이 들었다.

"지금 왜군 때문에, 그리고 잘못된 세금 제도 때문에 위태로운 시기를 맞이하고 있습니다. 백성들이 세금을 내지 못하면 군사들은 무슨 돈으로 양식을 사서 먹여 살릴 것입니까?"

류성룡은 윤두수와 다른 대신들의 강력한 반대에도 불구하고 이번에는 한치도 물러서지 않았다. 그는 땅에 머리를 대고 일어서지 않았다. 젊은 사람들조차 한두 시간이면 허리가 끊어질 것 같은 상황에서 나이 50을 넘기고 지병까지 있는 류성룡은 나라를 위해, 백성을 위해 제 한몸 돌보지 않고 헌신했다.

윤두수와 대신들은 류성룡의 끈질김에 혀를 내둘렀다. 하지만 그들도 보통은 아니었다. 곧 밖으로 나가서 다른 신하들과 유생들을 불러 모았다. 임금이 있는 대전 앞은 신하들로 가득 차고 말았다. 류성룡은 외로웠다.

'아, 우리 동인들조차 나를 도와 주지 않는구나.'

동인들도 땅을 가진 자가 많았다. 류성룡은 피를 토하는 심정으로 마지막으로 임금에게 간언했다.

"신의 목숨을 대신 바쳐서라도 공납을 폐지하고 대동법을 실시해야 하옵니다. 그래야 나라도 살고 백성도 살 수 있사옵니다."

류성룡의 말을 들은 선조 임금은 윤두수와 다른 신하들을 바라보았다. 그들은 반대만 할 뿐, 반대 이유나 다른 방안을 제시하지는 못했다.

"그만들 두시오! 나를 위한다면 백성이 세금을 낼 수 있는 현실적인 방안을 가져와야 할 것 아니오?"

선조 임금은 마침내 류성룡의 청을 들어 주었다. 그럴 수밖에 없는 현실이기도 했다. 백성들이 망하면 조정도, 나라도 모두 무너진다는 것을 류성룡도, 선조 임금도 잘 알고 있었기 때문이다.

마침내 1594년 이 제도가 전국적으로 시행되었다. 그러나 1년도 채 안 되어 폐지되고 말았다. 당시의 사회경제적인 여건 때문에 쌀을 제대로 걷어들이지 못한 탓도 있지만, 이권을 유지하려는 권세가와 방납업자들의 방해 책동도 크게 작용한 때문이었다.

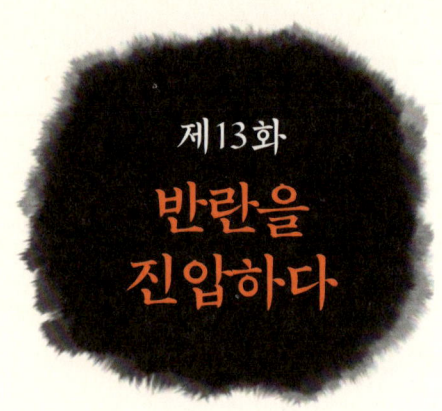

제13화
반란을 진압하다

　류성룡에게 새로운 골칫거리들이 기다리고 있었다. 왜란의 혼란 속에 과도한 부역과 세금으로 피폐해진 남부 지방에선 유민들이 속출했고, 싸울 의지를 잃고 도망친 군사들이 도적이 되어 의병을 사칭하며 백성들을 약탈하는 사례가 빈발하고 있었다. 이 때 이러한 자들을 꾀어 역모를 도모하려는 움직임이 포착된 것이다.
　"지리산 일대를 중심으로 모반을 꾀하는 자들이 있다 하옵니다."
　류성룡은 이 말을 듣고 자신의 귀를 의심하지 않을 수 없었다.
　"그 곳에는 왜군으로부터 나라를 구하겠다는 자들이 있다고 들었는데?"

사실이었다. 지리산은 산세가 험준하여 사람들이 숨기 좋았고, 왜군들도 함부로 접근하기를 꺼리는 곳이었다.

"처음에는 그러했사오나 지금은 다르다 하옵니다."

송유진은 원래 한양 출신의 양반으로 왕과 나라를 구한다는 구실로 지리산 일대에서 의병을 모집하였으나 사람들이 자신을 왕처럼 떠받들자 역모의 욕심을 품게 되었다.

송유진은 당시 한양의 수비가 허술함을 보고 오원종, 홍근 등과 함께 아산, 평택의 병기를 약탈하여 1594년 정월 보름 한양으로 진군할 것을 약속했으나 직산에서 충청병사 변양준에게 체포되었다.

류성룡은 근심이 들기 시작했다.

"왜적이 코앞에 있는데 자기 욕심 차리기에 바쁘구나."

다행히 송유진이 체포되어 한시름 놓고 있던 차에 이번엔 또다른 반란 소식이 들려왔다.

"큰일났사옵니다. 이몽학이란 자가 대군을 이끌고 한양을 향해 진격해 오고 있다 하옵니다."

"뭐라?"

류성룡은 자신도 모르게 자리를 박차고 일어났다.

이몽학은 본래 왕실의 서얼 출신으로, 왜란중에 한현의 휘하에서 활동하던 자였다.

그는 계속되는 대기근과 학정에 시달리는 백성들을 선동해서 1596년 7월 충청도 홍산에서 난을 일으켜 순식간에 여러 고을을 함락시키고 홍주성을 포위했다. 한 마디로 파죽지세였던 것이다. '왜적의 재침을 막고 나라를 바로잡겠다'는 반란 명분에 백성들이 크게 호응하였다.

이몽학의 난을 막기 위해 류성룡이 다시 나섰다.

"어서 각 성의 장수들에게 소식을 알려라!"

류성룡은 우선 홍주 목사 홍가신에게 성을 굳게 지키라 이르고 도원수 권율, 수사 최호, 충청병사 이시언 등으로 하여금 내외에서 호응하게 하였다. 왜군이 알아도 어쩔 수 없었다. 일단은 이몽학의 난을 진압해야 했다.

이몽학은 홍주성 앞에서 크게 당황하였다.

'언제 이렇게 방비를 했지?'

이몽학은 그 동안 많은 정탐꾼을 보내 한양으로 향하는 길목에 대해 계속 조사해 온 터라 더욱 놀랐다. 정탐꾼들 말에 의하면 한양에 금세 도착할 수 있을 것 같았는데, 홍주성은 예외였다.

이몽학의 군대는 사기가 꺾였으나 이몽학은 계속 큰소리를 쳤다.
"겸사복 한현이 우리 편이다!"
겸사복은 임금의 신변 보호를 위한 기병 중심의 정예 친위병이었다. 한 마디로 임금을 바로 옆에서 수호하던 자들이 반란에 가담한 것이다.
한현은 이 때 부친상으로 홍주에 있다가 반란군이 열세에 처하자 면천으로 도망쳐 전세를 관망하고 있었는데, 면천 군수 이원에게 체포되어 한양으로 압송되었다.
이몽학은 성의 함락이 어렵다는 것을 알고 새벽에 덕산을 향해 달아나다 결국 반란군 김경창 등에 의해 참수되었다.

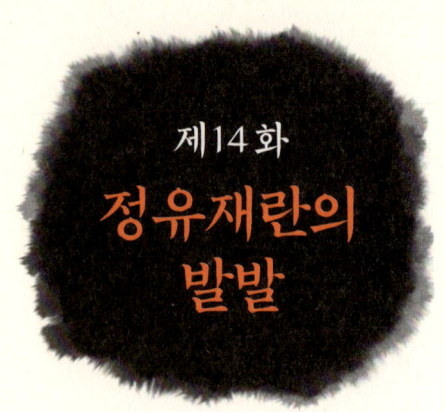

제14화
정유재란의 발발

임진왜란중에 무려 1만 명이 넘는 왜군이 조선에 투항해 왔다. 이들을 '항왜'라고 불렀는데, 이 중에 요시라는 이중첩자도 있었다.

그는 고니시 유키나가의 휘하에 있으면서 왜군의 동향을 보고한 공을 인정받아 조선 조정으로부터 정3품 절충장군이라는 관직까지 하사받았다.

조정 대신들은 아군 장수의 말보다는 적의 첩자 요시라의 말을 더 믿는 실정이었다. 고니시 유키나가는 요시라를 통해 계속해서 왜군의 정보를 알려 주었다. 그러던 중 결정적인 밀지를 전해왔다.

서인들은 이 정보를 선조에게 아뢰었다.

"전하, 가토 기요마사가 7천 명의 군사를 거느리고 쓰시마에 도착하여 순풍이 불면 재침략할 것이라 하옵니다!"

요시라의 이 밀지로 말미암아 조선 조정에는 일대 파란이 불어닥쳤다. 선조는 류성룡을 불렀다.

"통제사 이순신에게 당장 출병하라 이르시오."

류성룡은 파발을 띄워 이순신에게 이 사실을 알려 주면서 자신의 걱정도 같이 전했다.

"아무래도 함정인 듯한데, 전하와 대신들은 고니시 유키나가와 요시라를 믿으니 어쩌겠는가?"

이순신 역시 같은 생각을 했다.

"그것은 분명 함정입니다. 저는 출정하지 않을 것입니다!"

류성룡은 이순신이 올린 상소를 받아들고 고민에 휩싸였다. 이순신의 판단이 옳다고 여겼으나 만약 출병하지 않는다면 전하와 대신들의 미움을 사게 될 것이 뻔하기 때문이었다. 이 당시는 서인이 정권을 주도하던 시기였다. 류성룡의 걱정은 현실로 드러났다.

"당장 이순신을 하옥해야 하옵니다."

"이순신이 어명을 거역하였사옵니다. 필시 역모를 꾀하고 있음이 분명하옵니다!"

선조 임금도 단단히 화가 났다.

"당장 이순신을 한양으로 압송하라!"

이어 이순신 대신 삼도 수군 통제사에 누구를 임명할지 묻자 윤두수가 나섰다.

"원균은 충직하고 뛰어난 장수이오나 이순신이 공을 전부 가로채는 바람에 눈에 띄지 못했으니 이번 기회에 그를 삼도 수군 통제사에 임명함이 마땅한 줄 아옵니다."

그러자 같은 동인끼리 서로 싸우다가 갈라져나온 북인 이산해가 윤두수의 말을 거들었다.

"맞사옵니다. 당장 이순신을 하옥하고 원균을 그 자리에 앉혀야 하옵니다."

결국 이순신은 한양으로 압송되어 모진 고문을 당했고, 대신 원균이 삼도 수군 통제사가 되었다. 류성룡은 정탁과 함께 상소를 올렸다.

"전하, 부디 이순신의 목숨만은 살려 주시옵소서!"

류성룡의 간곡한 청에도 좀처럼 노여움을 풀지 않던 선조는 류성룡의 청을 계속 거절할 수도 없었다. 그래서 이순신에 대한 사형을 중지

하고 대신 백의종
군하라 명하였다.

한편 외교적으로도 상황이 좋지 않게 돌아가고 있었다. 명나라는 양방형을 정사, 심유경을 부사로 삼아 왜국과 강화 회담을 계속하게 하였다. 하지만 부사 심유경은 이미 왜국에 건너가 후한 대접을 받고 있었다.

"할지는 물론이고 납녀와 함께 황제의 책봉을 받아서 드리겠습니다."

심유경은 도요토미 히데요시에게 호언장담했다.

할지란 조선의 남쪽을 떼어 왜국에 주겠다는 것이고, 납녀란 명나라 황제의 딸을 도요토미 히데요시의 부인으로 주겠다는 뜻이었다.

심유경은 그러면서 조선에 특사 파견을 요청했다. 류성룡은 고민에 빠졌다. 조선이 특사를 파견하면 왜국에 무릎을 꿇는 것이 된다. 그리되면 명나라는 조선이 스스로 왜국에 항복하여 남쪽 땅을 포기했다고 여길 것이다. 반대로 특사를 거절하면 심유경은 조선이 불응하여 왜군이 물러나지 않을 것이라고 보고할 것이 뻔했다. 그래서 한 가지 꾀를 내었다.

"특사 파견이 그리 간단한 일이 아니므로 일단 상의할 시간을 달라고 하십시오."

류성룡은 일부러 애매하게 대답해서 시간을 질질 끌었고, 심유경은 중간에서 이러지도 저러지도 못하고 애만 태우게 되었다.

류성룡의 계책으로 심유경은 난처해졌으나 류성룡 자신은 마음이 편치 않았다. 왜군은 이순신이 제거되었다는 사실만으로도 무척 기뻐하고 있을 것이다. 이제 조선으로 향하는 문이 활짝 열리고 말았다. 아니나 다를까, 가토 기요마사는 도요토미 히데요시에게 군사를 요청했다.

"이순신이 없는 조선은 이빨 빠진 호랑이에 불과합니다. 이번에 다시 군사를 보내 주시면 조선을 치고 명나라를 정복해 보이겠습니다!"

류성룡은 왜군이 반드시 다시 쳐들어올 것을 예상하고 그 동안 조련해 온 중앙군을 정비하였다. 또한 청야 전술을 사용하였다. 청야 전술이란 적이 우리 편의 식량을 이용할 수 없도록 불태우거나 성으로 옮기는 것을 뜻한다. 1596년 말, 어느덧 전쟁의 불길한 그림자가 다시 조선을 향해 덮쳐오고 있었다.

제15화
최후의 결전

강화 회담이 최종 결렬되고, 도요토미 히데요시는 1597년 1월, 12만 대군으로 다시 조선을 침공했다. 원균이 칠천량에서 이들을 맞았으나 전멸하고 말았다. 천하무적이던 조선의 수군은 이제 단 12척만 남고 말았다.

왜군은 아무런 저항도 받지 않고 조선의 남쪽에 상륙했다. 요시라와 함께 조선의 임금과 대신들이 믿었던 고니시 유키나가는 내가 언제 그랬냐는 듯이 호남 일부 지역을 점령하며 한양으로 향했다. 가토 기요마사도 마찬가지로 한양으로 향했다.

이들은 지난 임진왜란 때처럼 한양을 쉽게 손에 넣을 수 있으려니 생각했다. 하지만 조선 군사들도 예전보다 강해져 있었다. 류성룡이 강화 기간 동안 군사의 수를 늘리고 방비를 게을리하지 않은 데다가 도원수 권율이 버티고 있었다. 또한 마귀를 제독으로 한 명나라의 6만 대군도 즉시 출병했다.

하지만 바다를 내 준 탓에 왜군의 보급은 끊임없이 이어졌고, 때문에 왜군은 물리치고 물리쳐도 계속 몰려들었다.

호남의 남원성이 대표적인 경우였다. 명나라 부총병 양원과 조선의 접반사 정기원이 지키던 남원성은 고니시 유키나가가 이끄는 5만 대군에게 꽁꽁 에워싸이고 말았다. 예전엔 먹을 게 없어서 뒤로 물러났던 왜군은 더 이상 후퇴할 필요가 없었다. 양원과 정기원의 조·명 연합군은 5천의 군사로 최후까지 싸웠으나 끝내 함락되고 말았다.

선조 임금은 다시 류성룡을 불러들였다.

"어찌하면 좋소! 이제 수군이 없으니 우리 육군이 강해도 무용지물이 아니오."

"이순신을 다시 삼도 수군 통제사에 임명하소서. 그래서 호남과 호서로 통하는 바닷길 명량을 지키게 하시고, 육군으로 직산을 막게 하시어 한양으로 올라오는 길목을 막으시옵소서."

1597년 7월, 이순신은 다시 삼도 수군 통제사가 되었다. 그러나 조선의 수군은 이제 12척의 배밖에 없었다. 류성룡은 이순신에게 편지를 써서 내려보냈다.

　"그대는 과연 왜군을 바다에서 막아 줄 수 있겠소? 두어 번만 막는다면 왜군은 순식간에 보급이 끊겨 다시 침체되고 사기가 떨어질 것이오."

　이순신에게서 상소가 올라왔다.

　"소신에겐 아직 12척의 배가 있사옵니다."

　류성룡은 눈물을 흘렸다. 그가 그토록 믿고 지켜 주고 싶었던 이순신이 죽음을 불사하고 바다를 지키겠다고 하니 말이다.

　이제 조·명 연합군과 왜군이 서로 절대로 져서는 안 되는 절체절명의 일전을 앞두게 되었다. 바다에서는 이순신이 명량 앞바다에서 12척의 배만으로 적선 133척을 맞아 일전을 벼르고 있었고, 육지에서는 조·명 연합군 7만 명이 직산에서 왜군 10만 명과 일대 결전을 앞

두고 있었다.

류성룡의 계책대로만 된다면 왜군은 더 이상 북상하지 못할 것이고, 만약 실패하면 한양을 다시 빼앗기고 조선의 운명은 어찌될지 알 수 없었다. 류성룡은 자신의 거처에 앉아 눈을 감고 소식을 기다렸다. 그런데 기적이 일어났다. 이순신이 12척의 배로 적선 133척을 전멸시켰다는 것이다. 직산에서는 밀고 밀리기를 수차례, 결국 왜군을 막아냈다는 것이다.

이로써 왜군은 더 이상 북상하지 못하고 남하하여 순천, 울산 등지의 연해안에 진주하게 되었다. 류성룡은 주먹을 움켜쥐었다. 당장 궁궐로 입궐한 그는 선조 임금에게 고했다.

"전하, 이제 전쟁의 패권은 조선이 쥐게 되었사옵니다."

선조 임금과 대신들은 모두 기쁨과 안도의 눈물을 흘렸다.

"경의 노고가 정말 컸소."

그런데 류성룡은 뜻밖의 말을 했다.

"전하, 이번 전쟁이 승리로 끝나고 나면 소신은 모든 관직을 버리고 고향 하회마을로 돌아가겠사옵니다."

선조 임금과 대신들은 웅성거렸지만 류성룡은 대답도 듣지 않고 궁궐을 나왔다.

1598년 8월, 도요토미 히데요시가 죽으면서 조선의 왜군은 모두 철수하라는 유언을 남겼다. 가토 기요마사가 울산의 도산성에서 퇴각하고, 순천의 고니시 유키나가도 퇴각하려 했으나 이순신이 차단하자 왜의 수군 300여 척이 이를 도우려 달려와 노량에서 최후의 해전이 벌어졌다.

이순신은 명의 진린 제독과 합세하여 노량해전을 승리로 이끌고 장렬히 최후를 맞이하였다. 이로써 7년간의 왜란이 모두 끝났다.

이 소식을 마지막으로 류성룡은 모든 관직을 버리고 고향인 하회마을로 향했다. 선조 임금과 대신들이 극구 말렸지만 류성룡은 듣지 않았다.

그 동안 당파 싸움과 반대파의 집요한 공격, 그리고 강화 회담을 막기 위한 명나라 사신들과의 피말리는 싸움 등으로 너무나 고생했던 그는 이제 조용히 살고 싶었다. 남들은 공을 세우면 더 많은 권력을 차지하려고 했지만 류성룡은 반대로 조용히 살고 싶어했다.

임금과 대신들은 더 이상 그를 붙잡을 수 없었다. 류성룡은 고향으로 내려가 1592년부터 1598년까지 7년에 걸친 왜란의 원인과 전황 등을 기록한 《징비록》을 저술하고, 1607년 숨을 거두었다.

丙戌間日本國使橘康臨以其國王書幣來聘日本國王源氏立國於洪武初與我修隣好百年其初我國亦嘗遣使修慶申叔舟往來即其一也後叔舟臨卒成宗間所欲言狀叔舟以願國家毋與日本失和成廟感其言命繕金新修睦鄰事對馬島使陪臣成廟命致等修於本國凝將狹吉嘉狀成南命致於於禮接待侍是不復遣使每其蘭信使室依禮接待御